当中国儒学遭遇"日本"

19世纪末以来"儒学日本化"的问题史考察

吴震 著

华东师范大学出版社

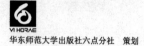
华东师范大学出版社六点分社 策划

关注中国问题
重铸中国故事

缘　　起

在思想史上,"犹太人"一直作为一个"问题"横贯在我们的面前,成为人们众多问题的思考线索。在当下三千年未有之大变局中,最突显的"中国人"也已成为一个"问题",摆在世界面前,成为众说纷纭的对象。随着中国的崛起强盛,这个问题将日趋突出、尖锐。无论你是什么立场,这是未来几代人必须承受且重负的。究其因,简言之:中国人站起来了!

百年来,中国人"落后挨打"的切肤经验,使我们许多人确信一个"普世神话":中国"东亚病夫"的身子骨只能从西方的"药铺"抓药,方可自信长大成人。于是,我们在技术进步中选择了"被奴役",我们在绝对的娱乐化中接受"民主",我们在大众的唾沫中享受"自由"。今日乃是技术图景之世界,我们所拥有的东西比任何一个时代要多,但我们丢失的东西也不会比任何一个时代少。我们站起来的身子结实了,但我们的头颅依旧无法昂起。

中国有个神话,叫《西游记》。说的是师徒四人,历尽劫波,赴西天"取经"之事。这个神话的"微言大义":取经不易,一路上,妖魔鬼怪,层出不穷;取真经更难,征途中,真真假假,迷惑不绝。当下之中国实乃在"取经"之途,正所谓"敢问路在何方"?

取"经"自然为了念"经",念经当然为了修成"正果"。问题是:我们渴望修成的"正果"是什么?我们需要什么"经"?从哪里"取经"?取什么"经"?念什么"经"?这自然攸关我们这个国家崛起之旅、我们这个民族复兴之路。

清理、辨析我们的思想食谱,在纷繁的思想光谱中,寻找中国人的"底色",重铸中国的"故事",关注中国的"问题",这是我们所期待的,也是"六点评论"旨趣所在。

点 点
2011.8.10

内容摘要

儒学东传,经过一番"日本化"改造而融入日本文化传统当中,从而形成日本的儒学(儒教),回溯历史,这项改造工程大致从17世纪初江户时代就已全面启动,这是当今学界的一般通识。在明治维新(1868)以后的近代日本,儒学遭遇了"日本化"与"近代化"的双重夹击,它被作为"东洋伦理"或"日本道德"的代表,或被化作帝国意识形态下的"国民道德论",被用来提升全民精神文明,实现"臣民一体"、"道德齐一",以为由此便可抵御西方精神污染,进而实现"近代超克"直至"解放亚洲",在此特殊的年代,儒教遭遇了"再日本化"的命运。战后日本,"儒教"名声一落千丈,人们在对"近代日本儒教"猛烈批判之同时,也开始对儒教日本化的诸多理论问题进行省思,人们发现在日本化背后存在着"日本性"问题,亦即"日本化"得以可能的日本自身文化传统究竟何在的问题,丸山真男晚年的"原型"论致力于探寻"日本性",便与此问题意识密切相关。但是在当今日本,儒学日本化的进程已然中断,其原因是否由于日本已经彻底"西化"抑或已经退缩至"原型"则已非本文所能深究。但可肯定的是,对于尚在"现代化"进程中的中国而言,各种西学的"中国化"既是实践问题又是理论问题。

关键词:儒学、儒教、日本化、近代化、近代超克、原型论、日本性、中国化

Abstract: It is a common sense that from the Edo Period in 17 century, Chinese Confucianism spread to the east to Japan where it undergone localization and integrated to Japanese traditional culture. In modern Japan since the Meiji Restoration, Confucianism met with localization and modernization at the same time. It was treated as the representative of Japan Ethics or Japan Morality or National Moral Theory in imperial ideology that was used to promote people's spirit and unite people and morality so as to protect Japan from western spirit to liberate Asia. Confucianism encountered re-localization in Japan in this context. After the war, Confucianism became bad in Japan. Scholars started to introspect the localization of Confucianism while criticizing it badly. They found that behind the localization of Confucianism is the Japaneseness, which is the Japanese culture that makes the localization possible. The theory of Prototype from Masao Maruyama in his late life explored the Japaneseness, which is relevant to this question. However, at that time, the process of localization of Confucianism suspended and the reason whether Japan was getting westernized or it drew back to the Prototype is not the point this article reviews. However, for China in the process of modernization, it is certain that the localization of all kinds of western thoughts in China is the problems of practice and theory.

Key Words: Confucianism, the localization of Confucianism in Japan, modernization, overcoming modernity, Theory of Prototype, Japaneseness, sinicization

Contents 目录

1　**前言**
　　Preface

6　**一　"儒教日本化"之言说的出现及其背景**
　　One: The Appearance and its Background of the Localization of Confucianism in Japan

19　**二　"近代化"与"日本化"的双重夹击**
　　Two: Attacks from Modernization and Japanization

41　**三　"日本道德论"到"国民道德论"**
　　Three: Japanese Morality and National Moral Theory

59　**四　"近代超克论"与"道德生命力"**
　　Four: Overcoming Modernity in Modern times and the Vitality of Morality

80　**五　丸山真男有关"日本性"问题的思考**
　　Five: Masao Maruyama's thoughts on Japaneseness

106　**六　当代学界有关"儒教日本化"的考察**
　　Six: The Review of the Japanization of Confucianism in Modern Academic Circles

121　**七　余论:从"日本化"想到"中国化"**
　　Seven: Other Conclusions; Sinicization in this Context

130　**参考文献**
　　References

前　言

　　如果从1917年俄国"十月"革命一声炮响给中国带来了马克思主义算起，尽管马克思主义"中国化"的实践进程就已启动，然而人们意识到在理论上有必要将马克思主义"中国化"，却在一个世纪之后即进入了21世纪才由官方正式提出，至于各种外来思潮（例如自由主义、民主主义）是否也有必要或者"中国化"或者"再普遍化"或者干脆"拒之门外"等等诸如此类的问题则仍在不断探索乃至争吵。与此同时，在"中国化"问题的背后，存在一些更为重要而又互为缠绕的需要追问和解答的问题：我们究竟应当或可以利用什么样的传统文化资源才能使"中国化"得以可能？而"中国化"是否应当在"多元文化"的立场上才能展开？或者索性关起门来即便出现闭门造车出门不合辙之现象亦不为异？这里面涉及衡定"中国化"的判断标准及实施策略又是什么等问题，目前似乎尚在摸索途中。

再看中国的另一边,日本接受儒学的历史甚早,约始于公元5世纪,然而真正在实践和理论两个方面开始启动"日本化"却在17世纪进入德川朝以后,形成了所谓"德川儒学",只是明确提出"儒教日本化"这一概念则已是19世纪末(首次出现于1893年)。及至20世纪初帝国日本期间,儒学遭遇了"再日本化"的命运,在帝国意识形态的操作下,形成了所谓"近代日本儒教",致力于推动全民道德"齐一化"(丸山真男语)运动——国民道德运动。显然,"中国化"与"日本化"的问题背景完全不同,不可同日而语,但是在"化"字背后蕴含着某种民族文化的自信却多少有点相似,因为"中国化"也好"日本化"也罢,其主旋律在于突出自身文化的主体性,或"反模仿"西方(江户时代,中国相对于日本便是西方)或将西方"个案化",这是毋庸置疑的。

从历史上看,17世纪江户时代以降,在儒学日本化的同时,儒学也面临着被重新诠释、批判解构乃至被重组,由此产生两个互相连带的后果:一是增强了与中国文化的差异意识,一是日本文化的自觉意识得以提升。例如17世纪末18世纪初的古学派对儒家形上学、国学派对整个汉学的批判解构便极大地提升了儒学日本化的进程。及至19世纪末明治维新以后,儒教面临着"近代化"和"日本化"的双重冲击,事情就变得有些复杂:保守主义者以为儒学传统的道德主义可以作为抵御西潮的资源而加以利用,自由主义者则将儒学看作近代化的死敌、亚洲停滞的宿因而必欲置之死地而后快。但不管怎么说,直到20世纪40年代二战结束之前,儒教并未完全退出历史舞台,尽管它几经改头换面,甚至一时充当了帝国意识形态的工具。

二战以后,战前国家意识形态受到猛烈批判,人们将"近代日本儒教"与"日本精神论"、"日本道德论"视作一丘之貉而加以唾弃,于是儒学仅被视作一种研究的历史对象,再也没有在理论或实践上重提"日本化"。渡边浩宣告自明治维新后,儒学就开始了"自杀"的进程,①这并非是耸人听闻之词。的确,在近代伊始,一方面儒学扮演了引进西学的角色,在幕末维新之初,一些儒者在"天下公共之理"这一新儒学的信念下,坦然接受西潮思想,然而另一方面,在与西学的激烈竞争中,儒学终于败下阵来而落得个"自杀"的结局。②

---

① 渡边浩在上世纪90年代初提出了一个新观点,以为19世纪末随着明治维新的成功,在推动"振兴皇基"、"王政复古"之革命的同时,思想界也发生了"儒学西洋化"的革命。维新以降,儒学渐被"西洋思想"所吸收,而儒学自身作为"体系"的思想生命力却迅速丧失。"至少就日本而言,儒学对于引进源自西洋的'近代'扮演了引导者的角色,然而同时又意味着自杀"〔渡边浩:《西洋の"近代"と儒学》,载沟口雄三等编:《漢字文化圏の歴史と未来》,东京:大修馆,1992年,第132页;后收入渡边浩:《東アジアの王権と思想》(《东亚的王权与思想》),东京:东京大学出版会,1997年,第209页〕。

② 如庆应四年(1868)三月日本新政府提出的一项"国是"中就提到"须基于天地之公道"来应对外来冲击,这显然汲取了"天下公共之理"这一新儒学的观念,而这项"国是"的原型则是源自幕末儒学家横井小楠(1809—1869)的《国是三論》(关于小楠,后面会有涉及)。不过,在西潮冲击下,儒教的命运虽然不妙,但是在明治昭和年间,儒教也有多次反弹。正如渡边浩所言,儒教"自杀"不过是"一个方面",若将日本近代思想史看作西学彻底战胜儒教的过程来描述,便不免受"进步史观"之牵制而有单纯化的危险。

在当下中国,"日本"是个敏感词,将其纳入学术话语展开讨论变得很难,因为一不小心便会被人质疑话语背后有何另外的动机。另一方面,"儒学"与"国学"正在连手,大有文化传统开始复苏之象,令人仿佛回到了一百年前人们急于寻找中国文化主体性的那个迷惘彷徨而又令人激动的年代。然而"东亚儒学"的研究状况却不容乐观。数年前笔者撰文曾乐观地估计近十年来在"汉语学界"悄然兴起的"东亚儒学"的研究热潮,①现在看来,所谓"汉语学界"仍限于台湾一地,而在大陆,与儒学研究正高歌猛进的走势相反,东亚儒学研究却少有问津。个中原因非一言所能尽,既与当下东亚出现的"新冷战"局势有关,也与历史上的"大中华意识"变身为文化保守主义或民族主义等姿态在大陆学界仍时常作怪之现象不无关联。

按理说,在当今世界所处的经济全球化、文化多元化的时代背景下,我们理应可以努力做到立足中国、放眼世界,重新审视儒学在未来发展的可能性,至少对于改善"东亚儒学"在大陆的研究态势或有推动作用。但是现在问题很多,何谓"东

---

① 《"东亚儒学"刍议——普遍性与特殊性问题为核心》,载刘东主编:《中国学术》总第 31 辑,北京:商务印书馆,2012 年 9 月,第 345—405 页(按,该文未经我校对,误植甚多,不堪卒读)。另参拙文:《试说"东亚儒学"何以必要》,刊于台湾大学人文社会高等研究院《台湾东亚文明研究学刊》第 8 卷第 1 期(总第 15 期),2011 年 6 月,第 299—318 页;该文的简体字版刊于《华东师范大学学报》2011 年第 5 期,第 57—66 页,并恢复了子标题"从子安宣邦、黄俊杰的相关论述谈起"。

亚"、"东亚儒学"何以可能又何以必要等问题,仍然难以找到共识。笔者曾就"东亚"一词的文化历史涵义以及东亚儒学的研究性质、对象及其方法途径等问题有过初浅的探讨以及展望,此不必复述。我的一个主要观点是:东亚儒学是多元性学术研究领域,而非政治学意义上争取话语霸权的场所,是将儒学在东亚的传播、接触、交流等历史作为一面借镜,来探讨儒学思想资源在未来的方向性及可能性,从根本上说,当今东亚儒学研究可以而且应当成为"世界文明对话"的重要一环。① 至于东亚儒学的未来发展如何可能等问题,显然与当下东亚社会的诸多现实性问题密切相关,就目前看,对这类问题下任何判断仅有"预言"性质,似不必多言。

本文主要涉及两大问题领域:一、19世纪末在加速"近代化",逐渐走向"帝国化"的近代日本期间,为对抗西潮、同时也为强化思想统治,儒教扮演了怎样的角色? 二、及至战后日本在反省帝国意识形态所带来的思想灾难之际,又是如何审视儒教"日本化"何以可能以及日本传统文化的"日本性"问题? 当然,在探讨过程中,也将针对有关"儒教日本化"之现象背后的一些理论问题进行必要的省察,最后,我们将对"中国化"问题以及儒家文化问题谈几句感想。

---

① 参见上揭拙文:《试说"东亚儒学"何以必要》,第316页。另参拙文:《德川日本心学运动中的中国因素——兼谈"儒学日本化"》,载《中华文史论丛》2013年第2期,上海:上海古籍出版社,2013年,第129—176页。

一 "儒教日本化"之言说的出现及其背景

其实,"日本化"一词之本义很简单,如同佛教传入中国而有"中国化"之现象,也如同中国佛教传入日本而有"日本化"现象一般,所谓"儒学日本化"也无非是指中国儒学传入日本之后出现的一种接受而转化之现象,其结果是日本儒教的形成。①

但是,作为一种学术用语,"日本佛教"几乎无人质疑,相对而言,人们往往具体地说"江户儒教"、"德川儒教"或"近代日本儒教",而"日本儒教"之说法则并不常见,因为此说会给人以这样一种印象:似有一个贯通整个古今日本历史的"日本儒教"之实体,其自身以种种历史姿态来展开,这就与如何判断儒教在日本文化历史上的地位等问题有关。显

---

① 关于"儒学"与"儒教"的名称,与大陆包括台湾学界惯称"儒学"相比,日本学界常用"儒教"一词,意指作为教化体制的儒学思想。本文一般不加区分。

然这一问题不是本文论旨所能承担的任务,本文仅在儒教"日本化"这一宽泛意义上,使用"日本儒教",具体指17世纪以降的近世日本,以及1868年至1945年的近代日本,至于中世以前及近代以后,儒教在日本社会文化中是否占据核心地位,在我看来是颇为可疑的,特别是把当代日本社会说成是"儒家资本主义"或将日本文化归属于"儒教文化圈",①则完全是一种想象而已,若在当今"东亚儒学"研究中,仍把日本视作"儒教国家"则应慎之再慎。

1. 德富苏峰:"儒教日本化"的提出

不待说,"儒教日本化"显然是一个后设的概念,最初是用来考察江户儒学的一种设定。从学术史的角度看,"儒教日本化"作为学术用语,最早可能是出自19世纪末20世纪初"自由民权论"者及民族主义者德富苏峰

---

① 关于上世纪80年代出现的"儒教文化圈"之说,其实丸山真男早在1984年就明确表明了反对意见,他断然指出:"若要说日本属于儒教文化圈,无论如何是不能这么说的。"参见其文《原型・古層・執拗低音——日本思想史方法論についての私の歩み》,载《日本文化のかくれた形》,东京:岩波书店,2004年"岩波现代文库"本,第131页(按,初版于1984年)。至于其判断理由,这里不能细述,若一言以蔽之,丸山认为日本文化与李氏朝鲜全盘接受儒教的"并吞型文化"不同,属于"漏斗性文化"——意即对外来文化不断过滤筛选并加以修正的"修正主义文化"。其对李氏朝鲜文化类型的判断可以商榷,而其对日本文化之特质的判断则值得重视,因为所谓"修正主义",指的就是不断"日本化"的过程。

(1863—1957)之口。关于苏峰其人,先说几句。苏峰思想有双重性格,一般认为他早年为自由民权论者,晚年则转向民族主义者,导致这一转变的契机是1894年"甲午战争"。然而事实上,明治初年的早期自由民权运动的成员身份非常复杂,既有主张文明开化,积极汲取西洋文化的思想主张,同时又有民族主义、皇室主义等传统思想因素,对日本加速"近代化"走向起到了牵制的作用,因此苏峰思想的双重性格有可能是同时并存的,否则很难理解苏峰何以在甲午战期间就突然有《大日本膨胀论》之作,并逐渐演变出"东洋自治论"以及"力的福音"等保守主义思想。若就早期苏峰思想来看,他作为民权论者,迎合了当时批判儒教的社会思潮,在他看来,儒教不仅是"反自由主义"、"反平等主义",而且还是封建时代的遗物,故欲复活儒教,实是一种"时代错误",是与建设"新道德"、"新日本"背道而驰的,而为实现"新日本",惟有采取"以纯粹的泰西学问世界为一"的立场。①

然而就在甲午战争前一年明治二十六年(1893),围绕朝鲜问题,中日之间的政治空气已经非常严峻,苏峰在为幕末志士暨阳明学者吉田松阴(1830—1859)写的传记《吉

---

① 参见德富苏峰:《自由·道德及儒教主义》(1884年)、《第十九世纪日本之青年及其教育》(1885年,两年后改题为《新日本之青年》出版),转引自隅谷三喜男:《明治ナショナリズムの軌跡》(《明治民族主义的轨迹》),载隅谷三喜男编《德富蘇峰》卷首,东京:中央公论社,1984年"日本名著"本,第14—15页。

田松陰》一书中,借吉田之酒杯而浇心中之块垒,甚至呼吁继明治维新以后在知识世界发动"第二次革命",不过他的继续革命论与本文主旨无关,且置不论,只是苏峰撰写此书的另一背景需要点出,即在明治二十年代,其实日本儒教已在"近代化"、"西方化"的夹击下有了复苏的迹象(详下)。我们注意到他在书中提出了"儒教日本化"这一概念,他说:

> 即便没有公然提倡儒教思想的神道化,然而儒教日本化则是不争之事实;而日本化之极致则唤起了一种尊内卑外的感情,成为后来攘夷运动的伏线。①

苏峰指出,江户以来虽然没有在理论上公然提出将儒教"神道化",但在历史上"儒教日本化"已是事实,而将此"日本化"推向极致,便引发了"尊内"与"排外"相斥之现象,这就是幕末明治初期出现"攘夷"运动的一条重要伏线。问题是,日本化的儒教何以成了抵抗外夷(这里应当是指当时日本面临的西方列强势力)的背景因素?

原来,苏峰所谓的"日本化"主要是一历史概念,盖指德川时代的儒教与神道"结合"而成的一种体系化思想,其中

---

① 德富苏峰:《吉田松陰》第三"德川制度",东京:岩波书店,1981年"岩波文库"本(底本为明治二十六年初版本),第34页。按,"攘夷"系指幕末维新期间的一种排外思潮。

主要含有"尊王贱霸"、"大义名分"、"祭政一致"等思想内涵,而正是这些观念极易引起"尊皇"的意识,从而对天皇制下的实际权力掌控者德川幕府构成了威胁——因为明治维新的一项重要内容就是将幕府权力剥夺,重新还政于天皇,史称"大政奉还",而这场运动的观念支撑便是"尊皇"论。而在苏峰看来,尊皇意识的养成或与儒教(主要是朱子学)有着莫大关联。苏峰还列举了两项事实来证明儒教"神道化"进程早在江户时代已经开始:一是早期水户学如德川光圀(1628—1701)至晚期水户学如藤田东湖(1806—1855)的思想发展都可看出"神道与儒教的结合",一是从日本朱子学的奠基人物山崎暗斋(1619—1682)那里亦可清楚地看到朱子学与吉川神道相结合的现象。显然,他意在强调儒教早已构成日本传统之一。

可见,苏峰所谓的"儒教日本化",一是指在思想上儒教与日本固有的神道传统合流,一是指在政治上发展出日本朱子学的"大义名分"论。重要的是,这种日本化儒教正是推动尊王倒幕、攘夷复古的明治维新运动的原动力。由此可见,"儒教日本化"并非是单纯的学术用语,其本意更在于呼唤民族文化意识的觉醒,以便在西潮汹涌的当时日本,认识到日本传统文化中的"儒教"之价值。苏峰坚信面对外来文化的冲击,完全可以而且应当以"日本化"来作出积极的响应,故其所谓"日本化"也就具有一种特殊的意味:经由"日本精神"(如"神道")的纯化,从而使得外来儒教变成与中国异质的日本儒教。①

值得一提的是,苏峰所看重的吉田松阴尽管历来被视为阳明学者,但吉田自己却说"吾非专修阳明学,但其学之真往往会吾之真而已",②这意思很清楚,他并非是阳明学知识的专研者,而是从阳明学的真精神当中看到了自身的真精神。可见,在吉田,他已有非常明确的自觉意识——亦即对中国阳明学须作日本化的解读,而不能仅停留在对阳明学的知识了解,更重要的是,还必须将阳明学化作行动。因此,在近代乃至现代日本,阳明学被视作"力行哲学"甚至是"革命哲学"而受到追捧,也就不足为奇了。例如在"红色"风暴席卷全球的那个疯狂的 1970 年代,这一年的 11 月 25 日发生了轰动整个日本的三岛由纪夫(1925—1970)"自杀事件",其当事人三岛便是一位狂热的阳明学信徒暨民族主义者,尽管据说他并没有认真读过阳明的《传习录》,他在自杀前写的一篇著名文章,题目就叫《作为革命哲学的阳明学》,他在文中引以为榜样的除了赫赫有名的幕末阳明学者大盐中斋(1793—1837)以外,便是吉田松阴。而在他的判断中,大盐、吉田等人的"阳明

---

① 关于苏峰《吉田松阴》一书的分析,另可参见荻生茂博:《近代·アジア·陽明学》所收《日本における"近代陽明学"の成立——東アジアの"近代陽明学"(1)》(《日本近代阳明学的成立——东亚近代阳明学》第 3 节"德富蘇峰《吉田松陰》",东京:ぺりかん社,2008 年,第 431—435 页。

② 吉田松阴:《己未文稿》所收《語子遺》,转引自沟口雄三著、孙军悦、李晓东译:《沟口雄三著作集:李卓吾·两种阳明学》所收《关于日本阳明学》(按,原载《现代思想》增刊"专辑:日本人的心的历史",东京:青土社,1982 年),北京:三联书店,2014 年,第 234 页。

学"已是"日本化"的阳明学,他说:"阳明学(尽管是发源于中国的哲学),却是在日本的行动家的灵魂中经过一次彻底的过滤后完成了日本化与本土化的哲学。"①从吉田松阴到三岛由纪夫,在历经一百余年的历史跨度中,阳明学在思想上经过了哪些"日本化"的具体转化,并不在本文论旨范围内,但有一点须指出的是,阳明学在近代日本的转化出现了"两种"性质并不相同的阳明学,一方面中国与日本的阳明学发生严重变异,另一方面在近代日本"阳明学"也发生了两种趣向迥异的变化,这一点经沟口雄三于1981年提出以来,小岛毅更提出"白色阳明学"与"红色阳明学"之区分,而荻生茂博则以"好的阳明学"与"坏的阳明学"或"右翼阳明学"与"左翼阳明学"来加以区别,②这是值得我们注意的所谓"儒学日本化"之特

---

① 三岛由纪夫:《革命哲学としての陽明学》,原载《諸君!》1970年9月号,转引自沟口雄三著、孙军悦、李晓东译:《沟口雄三著作集:李卓吾·两种阳明学》所收《中国的阳明学与日本的阳明学》(按,原刊于《〈伝習録〉解説》,东京:中央公论社,2005年),北京:三联书店,2014年,第244页。按,根据沟口的分析,三岛的阳明学大多来自井上哲次郎《日本阳明学派之哲学》,已非原汁原味的中国阳明学(同上书,第245页)。顺便一提,上引沟口《两种阳明学》系列论文对于我们了解"日本化"的阳明学很有参考价值,值得一读;而同书所收的《李卓吾:一个正统的异端》(日文单行本《李卓吾:正統を步む異端》,东京:集英社,1985年)第一部"吉田松阴与李卓吾"则对吉田松阴晚年"狱中"的李卓吾情结有生动描述,亦可一参。

② 参见沟口雄三:《二つの陽明学》,载《理想》第512号,1981年1月,按,沟口之意在于强调中国与日本的阳明学之不同;而小岛毅与荻生茂博则分别强调在近代日本存在两种趣向不同的阳明学,分别参见小岛毅:《近代日本の陽明学》第4章"帝国を支えるもの"第4节"白い陽明学と赤い陽明学",东京:讲谈社,2006年,第121—132页;上揭荻生茂博:《近代·アジア·陽明学》所收《日本における"近代陽明学"の成立——東アジアの"近代陽明学"(1)》,第414—444页。

有现象。

由上可见,自19世纪末以来,"儒教日本化"已不单纯是史实知识的建构问题,而是伴随着维新以后日本"近代化"过程而出现的一种思想现象。通过以下几节的讨论可以清楚地看出,"儒教日本化"其实与"近代日本儒教"的形成过程以及"国民道德运动"相始终。

2. 武内义雄:"日本化之儒教"

继德富苏峰之后,及至民族主义、国粹主义乃至军国主义等意识形态喧嚣尘上的二战时期,中国哲学史学家武内义雄(1886—1966)亦明确使用"日本化的儒教"来表述"日本儒教",在他的说法中,日本化之儒教意味着以日本为本位而以儒教为手段,他说:

> 最能代表日本化的儒教之典型表述乃是反映水户学之精神的《弘道馆记》所述之主张:"奉神州之道,资西土之教。"①

不用说,"神州"即日本,"西土"指中国。其所谓儒教

---

① 武内义雄:《日本の儒教》,原载《理想》1942年5月号,后收入氏著:《易と中庸の研究》附录,东京:岩波书店,1943年,第326页。

"日本化",意指中国儒教转化成日本儒教,而此儒教之主心骨也必然发生转化,必以日本"神州之道"为主。其实,《弘道馆记》①虽言"敬神崇儒,无有偏党",看似神儒共尊,沿袭了近世以来"神儒习合"的传统,然而究其实质,显然儒之地位仅止于"教"(按指世俗教化),而日本的神乃是"在天之灵",是"统治教者"。

根据武内的观察,不仅江户时代古学派代表人物伊藤仁斋(1627—1705)的思想已与中国朱子学发生变异,即以传统日本天皇的各种诏书《宣命》为例,其中常见的"清明诚直之心"之措辞,以及神道经典《神皇正统记》的"正直"、"德"等概念,都无非是日本固有概念"マコト"(按即"诚"字的日语读音)之别名而已,构成了日本儒教独特的道德学说,②不过,此所谓"心"虽与朱子学不同,但仍然与孔子儒教保持高度一致,只是传到日本之后,被染上了日本的色彩,儒教的普遍性被转化为日本的特殊性,他说:

> 要之,日本儒教之精神本于《中庸》,归于诚之一字。然而,此诚字非由《中庸》输入的外来思想,诚乃是日本固有的道德理想,因此在有数的儒教经典中特

---

① 德川水户藩第九代藩主德川齐昭(1800—1860)撰于天保九年(1838),起草者则是后期水户学之代表人物藤田东湖(1806—1855),参见其著:《弘道館記述義》(1847)。两篇文字均见《日本思想大系》第53册《水户学》,东京:岩波书店,1973年。

② 武内义雄:《易と中庸の研究》,第325页。

别强调诚之思想的《中庸》便受到了(日本儒教的)尊重。①

可见,日本儒教既是儒教日本化之结果,更是日本固有思想与作为外来思想之儒教的结合物,而日本儒教之特色之所以表现为对"诚"的重视,乃是"日本固有的道德理想使其然尔",②而不是从中国大陆空降而至的外来物。然而,若将武内的上述有关儒教日本化的看法置于当时的时代背景看,显然,其所谓儒教"日本化"可能是在配合"日本精神论"、"日本道德论"等当时盛极一时的社会舆论。

针对武内义雄有关"日本儒教"的上述观点,子安宣邦有严厉批评,根据他的观察,武内的核心观点是,一方面,中国近世儒教在相当程度上深刻影响了日本,另一方面,在日本接受儒教之际所发展出来的"忠信主义"(以古学派伊藤仁斋为代表)和"诚主义"(以怀德堂中井竹山为代表)的思想却构成了"日本独自的儒教",而且这是从儒教当中抽取出与"日本固有之道德"相符的部分而得以阐明的。子安指出,考虑到该文发表的1942年这一特殊的时代背景,不难想见武内的上述说法无非是当时盛嚣尘上的所谓"日本

---

① 武内义雄:《易と中庸の研究》,第327页。
② 同上书,第328页。

精神论"或"日本道德论"等论调的翻版。子安进而强调指出,武内的"日本儒教论"受到"现代研究者的支持依然强大"。①这个说法的真实程度如何,非我们外人所能窥测。或许在子安看来,近代"日本儒教"一词本身就很值得批判反思,而当今学界却恍惚其词,这是令其不满的缘由之所在。

当然,并不是所有学者在"日本精神"、"日本道德"的一片叫嚣声中头脑发热,与武内义雄几乎同时,在另一个领域——日本思想史,丸山真男正以冷静的态度在考察日本近代性的由来等问题,开始撰述一系列富有原创性的、对日本战后人文社会学界产生极其广泛而深远之影响的论文,②构成其主体的无疑是有关日本古学徂徕学及国学宣长学的两篇长文,提出了其晚年亦有反省的日本文化"特殊论",而他晚年又坚持"日本化"这一观点,由于丸山的史学思想及其

---

① 子安宣邦:《"誠"と近世の知の位相》(《"诚"与近世之知的位相》),载《現代思想》第10卷第12号,东京:青土社,1982年9月,第376、377页。按,顺便一提,丸山真男在1940年发表的论文中坦承他对宋学知识的了解多有赖于当代的儒教学者武内义雄,还有西晋一郎(详见后述)和诸桥彻次等人的论著(丸山真男:《近世儒教の発展における徂徕学の特質並にその国学との関連》,原载《国家学会雑誌》第54卷第2—4号,1940年,后收入《日本政治思想史研究》,东京:东京大学出版会,1983年新装版,第30—31页注2)。由此可以推测,武内的儒教研究在当时之影响非同一般。

② 这批论文先后刊登在1940年至1944年之间的《国家学会雑誌》上,构成其主体的前两章分别撰于40年和41年,后来被整理成《日本政治思想史研究》,由东京大学出版会出版于1952年,1983年又有新装版,两者页码完全一致。

研究方法论问题过于庞大和复杂,所以我们将在后面会有较详的讨论。

3. 小结:"日本化"言说之背景

由上可见,"儒教日本化"之言说的出现,有重要的时代背景。明治维新以后的日本在走向"近代化"过程中,面临着一方面要"脱亚入欧"另一方面又要找回日本"主体性"这一两难局面,由此当日本文化遇见西方文化之际,必然会产生两者发生互相激烈冲撞之下如何进行调适等时代课题。

问题的复杂性在于:明治以降特别是 1890 年明治晚期以后,无论是保守的还是开明的知识人,他们大多意识到在迎接和拥抱西学之际,足以响应西学之挑战的日本自身的文化资源却很有限,除了神道和国学所宣扬的"国体"思想以外,不得不借助于"日本儒教",而为了与中国原有的"儒教"划分清楚,又有必要指明日本的儒教乃是"日本化"的儒教,而非导致中国停滞不前、被"近代化"甩在身后的那个原有的中国儒教。所以,在明治至昭和年间,山鹿素行的"武士道"、崎门朱子学的"大义名分"论、宣长学的"国体"论以及后期水户学的"皇室中心主义"思想才被认为是"日本儒教"的正宗主流,相对而言,被丸山真男所看重的开启了由"近世"转向"近代"之窗口的徂徕学毋宁是旁门支流,并不为当时学界所关注。①

无疑地,19世纪末开始出现的"儒教日本化"之言说便是在上述时代背景下产生的。更重要的是,就在加快近代化步伐的明治晚期却出现了一股"儒教复兴"气象,与此相连的是大正、昭和年间,帝国舆论机器大肆渲染的所谓"日本精神"、"国民道德"等言论也有显著的日本化儒教之身影,这就促使我们思考儒教在"日本化"以及"近代化"过程中到底发生了什么?

---

① 按,及至丸山最晚年的1993年曾向人透露,他因病而放弃撰述暗斋学的约稿反而感到释然,根据这位友人的分析,这是由于暗斋学在战前赢得了"超国家主义的共鸣",故对丸山而言,有关暗斋学的讨论"必会伴随不堪忍受的激烈头痛"〔参见Tetsuo Najita:《丸山真男の思い出》(《忆丸山真男》),载みすず书房编:《丸山真男の世界》,东京:みすず书房,1997年,第56页〕。这则轶闻反映了江户儒学在昭和年间的知识人当中有着相当不同的形象。

二 "近代化"与"日本化"的
双重夹击

在日本近代思想史上,"主义"泛滥、"思潮"不断,这在当时的世界史上罕有其比,譬如:攘夷论、开国论、文明论、开化论、民权论、国权论、国体论、日本道德论、国民道德论、东洋道德论等层出不穷,平民主义、启蒙主义、自由主义、儒教主义、民主主义、道德主义、欧化主义、日本主义、民族主义、亚洲主义、社会主义、国家主义、国粹主义、马克思主义等交替出现,不仅令我们这些"外人"看得眼花缭乱、理不清头绪,即便是日本学者亦常感叹明治昭和的思想史犹如烫手山芋,任何试图重建其整体历史图像的努力都有可能陷入简单化的危险境地。例如就在十余年前的2002年,黑住真在一篇英语论文中就很感叹"近代儒教"几乎被学界(尤其是日本思想史学界)完全无视或者表示出颇为曲折的反应,原因在于人们大多认为近代日本儒教扮演的角色并不光彩,往往与当时的政治意识形态纠缠不清,或者认为儒教与近代乃是"不共戴天"之敌,是阻碍近代化的罪魁祸首,不值得从正面来审视。①

不过,我们将焦点集中于"近代化"与"日本化"②双重夹击下的儒教问题这一点上,特别是聚焦于儒家伦理道德是如何转化出所谓的东洋伦理、日本道德的这一问题上,尽管也有可能会陷入挂一漏万的"化约论"之冒险境地。

1. 两种视角:日本化与近代化

我们将采用倒叙法,首先来看一下平石直昭对战后日本学界是如何审视江户儒学的一项学术史考察,他的这篇论文的标题给我们以很大启发:《构建德川思想史的新图像的可能性——指向"近代化"与"日本化"的统一》。③ 该文以"近代

---

① 参见黒住真:《德川儒教と明治における再編》(《德川儒教及其在明治的重组》),载其著:《近世日本社会と儒教》,东京:ぺりかん社,2003年,第165页。

② 按,"近代化"乃是沿用日本学界的通常用法,相应的英文词是"modernity",当今大陆及台湾学界,一般都译作"现代化",但这有可能损害"近代化"一词在日本近现代史上的特殊语境及其脉络,故笔者仍沿用不变,特别是下文将涉及的"近代超克论"这一问题,更是贯穿整个日本近代思想史的大问题,若译作"现代超克论"便可能模糊了当时的思想图景。当然在史学的严格意义上,1945年仍然是日本近现代的一个区隔点。

③ 《新しい德川思想史像の可能性——"近代化"と"日本化"の統一をめざして》,载平石直昭编:《德川思想史像の综合的構成——"日本化"と"近代化"の統一をめざして》(《德川思想史图像的综合性建构》),平成6—7年度科学研究费补助金(综合研究A)研究成果报告书(非公开出版物),1996年3月。

化"和"日本化"作为考察德川思想史的重要关键词,指出战后直至20世纪90年代的五十年间,日本学界在重构德川思想史之际,主要有两个视角:即"近代化"和"日本化"。他主张今后为重建德川思想史,有必要将这两种审视方法统一起来。不过,在近二十年后,这一"统一"目标是否实现则另当别论。

值得一提的是,平石撰述此文正是丸山真男去世的那一年。而近代化问题正是常被戴上"近代主义者"(同时又被视作"战后民主主义理念的代言者")①之桂冠的丸山倾其一生念念不忘的大问题,而"日本化"也正是丸山虽无集中讨论却又时有透露的观察日本儒学的方法意识。惜乎,平石并未对丸山的"日本化"之言说表示关注。其谓"近代化"和"日本化",分别意指"封建思维的近代化"和"外来思想的日本化",并将此概括为战后日本德川思想史研究的主要范式。② 然而其对有关"日本化"问题的介绍仅列举了德富苏峰和武内义雄,并指出战后日本学界对所谓"儒教日本化"这一战前的研究姿态毋宁是持批判立场的,因为"本来具有丰富可能性的儒学及朱子学在'日本化'的过程中却趋于堕落和谬误,而与战前国粹主义优越意识不同,取而代之的是人们对'日本'式的思考之问题增强了批判"。③ 何谓"'日

---

① 参见安丸良夫:《丸山思想史学と思維樣式論》,载大隅和雄、平石直昭编:《思想史家丸山真男论》,东京:ぺりかん社,2002年,第184页。
② 参见上揭平石直昭:《德川思想史像の綜合的构成·序》,第1页。
③ 同上书,第5页。

本'式的思考"(日语原文为"'日本的'思考"),其意盖谓"日本式的思维方式",若用丸山真男的表述方式来说,即"日本式的东西"(这是对日语"'日本的'なもの"的直译,此词几乎不能翻译,以下根据场合,试译作"日本性"),其涵义相当丰富,可以涵指"日本固有的文化形态"或"日本所特有的一切存在"——大而言之,可以指日本的生活方式、价值观念;小而言之,可以指日本的文学艺术小说戏曲等所反映的生活观、审美观,而丸山晚年致力于探究日本文化中的"原型"或"古层",便是在寻找"日本性"。不过,为避枝蔓,这一问题我们在后面再来讨论。

平石该文将战后五十年间的研究史分为四个阶段:第1期——战后至1950年代;第2期——1950年代后半至1960年代;第3期——1960年代至1970年代;第4期——1970年代至1990年代。这里主要介绍前两期的研究状况,因为这与"近代化"与"日本化"的问题直接相关。平石指出,在第1期人们考察德川思想的主要视角无疑是"近代化"之视角,可以丸山真男《日本政治思想史研究》为代表,而第2期的主要特征则在于将视角转向"日本化"问题,但是正如上面所述,作者有关这一期的代表性人物的介绍仅止于德富苏峰和武内义雄,其所著墨的力点放在了对"儒教日本化"之问题的批判反省,指出虽然在战前就已存在"日本化"视角,然而战后有关儒教日本化的观点则被置于中日文化比较的视域,并通过对战前所谓的"日本精神"、"大和魂"以及国粹主义日本儒教的批判,在中日文化比较论的框架内来重新探讨"儒教日本化"之问题,在此过程中,判断问题的价值标准与战前发生了根本的逆转,认为战前所谓的"日本化",是对德川儒学的根本误解,此误解的主要特征在于:以为原产于中国的儒学或朱子学一旦传入日本,便被"日本精神"所纯化,而转变为"异质性"的儒教。这种战前所谓"儒教日本化"的基本思路无疑意味着"堕落"。从中可以看出,平石对于战前的"近代日本儒教"是持批判否定之态度的,对所谓日本化也抱有一种自觉的警醒,这无疑是战后日本知识界的主流。有关第2期的代表论著,平石主要列举了尾藤正英《日本封建思想史研究》(1961)、田原嗣郎《德川思想史研究》(1967)以及相良亨《近世儒教思想》(1966)。①

最后,平石在该文结尾对今后如何重构德川思想史的历史图景进行了展望,他要言不烦地指出:为摆脱第1期以来以朱子学为中心的德川思想史的建构模式,有必要重建一种"新的分析视角",亦即"将德川思想史放在东亚自古以来的思想史全体的发展流行过程中来重新定位"。② 换言之,这

---

① 不过,平石也指出,第4期代表论著之一的渡边浩《近世日本社会と宋学》(东京:东京大学出版会,1985年)也接受了第2期"日本化"的观察视角,进一步加深了德川儒学研究的"精细化",而其研究内容之丰富及其论断之明快,更是难有其匹,只是其研究更多地倾向于社会史,而思想史的观察则相对薄弱。参见上揭平石直昭:《德川思想史图像の综合的构成》,第11页。

② 参见同上书,第12页。

是说有必要将德川思想史置于"东亚思想史"①来重新审视。这里平石虽然未采用"东亚儒学"而是用了涵义更为宽泛的"东亚思想史",显然此倡议值得重视。总体来看,尽管平石以"近代化"和"日本化"并列,但其考察的重点无疑是在前者,的确,无论是战前还是战后(尽管其判断标准不可同日而语),"近代化"对于日本知识界而言几乎是难以解脱的"宿命",②相反,"日本化"这一视角的设定则显示出问题的复杂性,因为它既可指向德川儒学,同时又可指向近代日本儒教的发展历史,甚至可以与帝国日本时期的"国民道德论"、"日本精神论"等观念主张挂起钩来,所以"日本化"一词往往需要根据具体的场景来调整其所指陈的涵义变化。应当看到,如同"近代化"在近代日本一路走来显得颇为复杂曲折一般,"日本化"问题其实也很难跳出"近代化"的问题领域之外来安顿,两者之间彼此纠缠、难以分割。也正由此,所以说平石以"日本化"与"近代化"的"统一"作为重建德川思想史图像的审视方法,这是富有远见的卓识,但在笔者看来,我们同样可以采用这一方法来思考近代日本思想

---

① 当然,日语原文用的是"東アジア"(East Asian)这一表述,而非"东亚"这一汉字表述。这是因为"东亚"一词牵涉太多的帝国时代的记忆,而在战后日本成为禁语。相反,在大陆的一些大学机构中设有"东亚研究院",似乎与战争记忆毫无瓜葛。然而语言表述的改换并不意味着历史记忆便可自然消失。

② 参见源了圆:《德川思想小史》"序:德川时代の再檢討"第3节"日本近代化への視點",东京:中央公论社,1973年"中公新书",第11—12页。

史,特别是对"儒教日本化"的近代走向提出一些值得反省的问题。

2. 元田永孚:以儒教为国教

一般说来,根据"中国革命"的历史想象,"革命"便意味着打破旧时代的一切瓶瓶罐罐,与"旧"的东西决裂,从"五四"的"打倒孔家店"到"文革"的"破四旧",便是这种"革命"历史的循环往复。在日本,明治维新在"倒幕"、"攘夷"之同时,亦曾将旧时代的封建残余视若仇敌,惟欲一扫而快之,一时间出现了与中国"革命"极为相似的"历史共同性",然而从历史上看,日本文化的特色在于喜新而不厌旧,用丸山真男的说法,就是经常搞"修正主义",日本儒学也可称为"修正主义儒学"。[1]

因此尽管自明治三年(1870)起,明治新政府在文明开化的思潮背景下,向教育界开刀,实施了被后人称作"汉学断

---

[1] 参见丸山真男:《原型・古層・執拗低音——日本思想史方法論についての私の步み》(《原型・古层・执拗低音——有关我的日本思想史方法论的足迹》),载《日本文化のかくれた形》(《日本文化的隐形》),东京:岩波书店,2004 年"岩波现代文库"本,第 139 页。按,该文原刊于 1984 年。根据丸山的判断,日本思想不能属于"儒教文化圈"的理由就在于自江户以来,儒学就常被"修正",故可说日本文化就是"修正型"文化而非"并吞型"文化(如朝鲜),因此欲从其中寻找完成式的整体"意识形态",并以此作为"日本性",都将是徒劳的(同上书,第 138 页)。丸山此说是其多年积累的经验之谈,值得重视。

种政策",①将东京大学前身的大学南校中的"皇汉学"(按指江户末期的统合"国学"和"汉学"的两大学问领域)废除,儒教也随之遭到灭顶之灾。但是这一政策仅维持了12年。明治十四年(1881)十月发生"政变",主张西化的所谓进步议员被保守势力悉数逐出政府部门,明治政府开始向右转,国权论势力上升,逐渐压倒民权论,是年底,福冈孝弟出任文部卿,次年开始着手一系列教育改革,在经过改制的东京大学文学部内新设了"古典讲习课",重新恢复以中国古典经史子集为核心内容的"汉学",明治十九年(1886)恢复了"汉学科",其中儒教占据了重要席位。在随后的几年中,新教育方针不断出笼,已被埋入故纸堆的孔孟之书重新出现在学校教科书当中,而且洋学教材被逐出小学的基础教育,并严厉实行教科书的审查,将儒者派遣至全国官立公立中小学校,讲四书五经,罢免外语教授等,福冈孝弟还召集府县学务官进行谕示,强调指出:

  教育须选用硕学醇儒而有德望者,令生徒日益恭敬整肃,为教授修身,必以皇国固有之道德教为基,依从儒

---

① 参见绪形康:《他者像の変容——中国への眼差》(《他者形象的演变——投向中国的眼光》),载《江户の思想》第4号,东京:ぺりかん社,1996年,第12—25页;桂岛宣弘:《思想史の十九世紀——"他者"としての德川日本》(《思想史的十九世纪——作为"他者"的德川日本》)第10章"近代国家史学の成立——'考證史学'を中心に",东京:ぺりかん社,1999年,第280、282页。

教之主义。①

可见,儒教主义堂而皇之地成了"皇国道德"的工具。

根据上述种种迹象,故有明治后期出现了"儒教复兴"现象之说。② 当然,我们也须看到,明治维新以来"近代化"已难以逆转,因此对这种儒教复兴现象持批判态度者亦大有人在,例如那位喊出"脱亚入欧"口号的反儒教激进主义者福泽谕吉(1835—1901)早在明治八年《文明论之概略》中就对儒教实施猛烈批判,明治十四、十五年以降,他又一次火力全开,并增强了批儒的力度,在他眼里,明治晚期的儒教已面目全非,"一变而至腐败之极"。③ 而福泽由"批儒"出发,进而连"道德主义"也成为他揶揄以及解构的对象,而其锋芒所向自然也包括其"明六社"同仁的西村茂树在明治二十年(1887)发表的《日本道德论》(详见后述)。④ 然而另一方面,也有研究表明,就

---

① 西园寺公望《明治教育史要》"开国五十年史"上,明治四十年。转引自丸山真男:《福沢諭吉の儒教批判》,载其著:《戦中と戦後の間:1936—1957》,东京:みすず书房,1976 年,第 115 页。

② 真边将之:《西村茂樹研究——明治啟蒙思想と国民道徳論》,京都:思文阁出版,2009 年,第 89 页。另可参见荻生茂博:《大国主義と日本の"実学"》,载氏著:《近代・アジア・陽明学》,东京:ぺりかん社,2008 年,第 312—313 页。

③ 参见福泽谕吉:《儒教主義の害は其腐敗に在り》(《儒教主義之害在其腐败》,明治三十年作),见《続福沢諭吉全集》卷五,转引自丸山真男:《福沢諭吉の儒教批判》,载其著:《戦中と戦後の間:1936—1957》,第 110 页。

④ 参见子安宣邦:《日本ナショナリズムの解読》(《日本民族主义的解读》)解读 5"道徳主義的国家とその批判——福沢'徳智論'の解読",东京:白泽社,2007 年,第 116—119 页。

在"汉学断种政策"实施期间,后来成为东京大学东洋史学奠基者之一的重野安绎(1827—1910)尽管不得不潜入书斋从事考据学,然而与此同时他又不忘建构"汉学世界的普遍化、近代化",①他甚至主张向清国派遣留学生,去中国学习"正音、正则",在他看来,不仅是汉学而且儒学也是最具实用性的"实学"以及"道德学",而儒教所讲的"义理"也就是"今日之生命道理及道德",是"不可一日或缺的"。② 这个案例充分说明即便在明治维新以后"近代化"开足马力之际,日本的儒教及汉学虽是"低音",但其传统并未完全中断。

而儒教复兴的主要标志乃是朱子学者元田永孚(1818—1891)于明治十二年(1879)撰述的《教学大旨》,以及于明治二十三年(1890)元田与时任枢密顾问官井上毅(1839—1895)一起参与起草并由天皇颁布的《教育敕语》。这两份文献特别是后者奠定了以儒教作为国民道德教育的基本方针,因此对于儒教复兴具有重要象征意义,而其核心思想在于鼓吹人们必须具备向国家和天皇的绝对奉献精神。其实早在十年前,那位曾长期担任枢密顾问官、明治天皇侍讲等职(在职1871—1891)的元田永孚便披露了他自己的"国教"主义,他说得很明确:

---

① 参见长志珠绘:《言文一致運動と漢学者懇談会》,载其著:《近代日本と"国語"ナショナリズム》(《近代日本与"国语"民族主义》),东京:吉川弘文馆,1998年,第113页。
② 重野安绎:《漢学と実学》,转引自上揭桂岛宣弘:《思想史の十九世紀》,第284页。

> 所谓国教者,以仁义礼让忠孝正直为主义。①

这里的八项德目可以归结为"仁义忠孝"这四项儒教道德的基本原理。其实,在上面提到的《教学大旨》中,元田便已明确揭示以"仁义忠孝"为"教学之要",并将此提升到"我祖训国典之大旨"的高度。而之所以要重申道德的重要性,乃是出于革除时弊之需,在他看来,晚近日本自"维新"以降,人们往往驰骋于"文明开化之末",道德品行及社会风俗为之大变,仁义忠孝竟被置于脑后而惟"洋风是竞",故有必要"道德才艺"同时并举,且以道德为纲,才艺为目,才能收纲举目张之效。②其中,显然已有将道德提升至"国教"的明确意图。

面对这份保守色彩很浓的上书《教学大旨》,时任内务卿的伊藤博文(1841—1909)亦在同年9月上书《教育议》,

---

① 元田永孚:《国宪大纲》,1880年九月三十日,国立国会图书馆藏元田永孚关系文书108—03,转引自上揭真边将之书,第93页,按,依元田的判教标准,朱子之后能传"正大公明"之"尧舜之道、孔子之学"者"几希矣",而在江户儒学史上真正懂得儒家道德经纶者总共只有三人,即熊泽蕃三(1619—1691)以及熊本藩的儒士大冢退野(1677—1750)、平野深渊〔参见元田永孚于明治十一年(1878)所作自传《还历之记》,转引自松浦玲:《横井小楠:儒学の正義とは何か》(《横井小楠:何谓儒学之正义》)增补版,东京:朝日新闻社,2000年"朝日选书",第297、300页〕。他的判教标准是:"实学"、"正大公明"、"道德经纶"、"日用常行"、"孝弟忠信"、"治国安民"、"诚意正心"、"修己治人"等等,大致不出朱子学的范围。而且他认定朱子学才是真正的"实学"。要之,元田的儒教保守主义在明治政治史及思想史上留下的影响不容低估。

② 元田永孚:《教学大旨》,载松元三之介编:《明治思想集》Ⅰ(《日本思想大系》第30册),东京:筑摩书房,1976年,第263页。

一方面强调"改良教育"的重要性,并提到有必要"折衷古今,斟酌经典,建立国教",但在另一方面,他对现今学校中的"汉学生徒"往往侈谈政事非常不满,为矫时弊,他主张"宜推广工艺技术百科之学",①显然在教育问题上,他更趋向于主张全面实行文明开化,至于某些教育改革的具体策略上也与元田永孚存在微妙的差异。对此,元田撰《教育议附议》,在表示赞同伊藤之基本主张的同时,又提出了一些批评,并竭力强调了"祭政一致"、"教学一致"乃至"道德一致"的观点立场,他指出:历代天皇"其敬天祖之诚心凝结,加以儒教,祭政教学一致,仁义忠孝上下无二,乃历史上历历可证,由此今日之国教无他,亦复其古而已。"②显示出元田欲以"复古"来重建"国教",而其中提到的"儒教"也显然经历了一番"再日本化"——即将江户时代的"日本化"之儒教放入明治新时代的背景中,与国家主义相结合而发生的又一次转化。

其实,元田的"复古"主张,可能与其老师、幕末儒者横井小楠(1809—1869)有点关联,③包括他认为儒教即"实

---

① 参见同上书《明治思想集》Ⅰ,第265—267页。
② 参见同上书《明治思想集》Ⅰ,第269页。
③ 元田与横井的师生关系问题,笔者未考,此从土田健次郎之说,他还提示我们注意,元田与横井的亲近关系表明我们对于当时的"守旧派"(元田)与"开明派"(横井)的关系不能截断得太清楚,仿佛黑白分明、水火不容一般(参见其新著:《江户の朱子学》第10章"朱子学と近代化",东京:筑摩书房,2014年"筑摩选书",第229页)。的确,在明治维新这一社会大动荡年代,人物思想具有双重性格是常见现象,下文将涉及的西村茂树便是一例。

学"的观点,也与横井小楠的思想有渊源关系。1844年,横井与元田等5人曾经组成了一个"实学党",以"道德经世"为宗旨,以重振实学为己任,其终极理想是把武家国家改造成儒教国家。① 小楠出生在明治维新的前夜,奇妙的是,越是在"革命"风暴的前夕,思想越容易走向"复古",中国晚清"康梁"的复古主义亦复如是。小楠在思想上也信奉朱子学,但在政治上,却主张回向"三代",以为若能立足于"三代之学"便可使儒教精神焕发青春,同时亦可以此响应幕末面临的各种时代课题。他深信三代之治与过于强调"名分论"这一朱子学观念的日本儒教不同,而应回到儒教本然的原理教义,例如尧舜禅让——让贤不让子这一理想政治,这是当今日本仍在实行"世袭制"、"血缘制"的幕府政权应取的榜样。②

有趣的是,在小楠看来,尧舜之治在远隔重洋的异国他乡美国那里已然实现,即华盛顿的"共和政治",故华盛顿简直

---

① 参见上揭松浦玲书,第309页。须说明的是,小楠思想的终极目标在于以儒教国家替代武家国家,这是松浦的小楠研究的一项"新发现",与历来小楠研究的见解大有不同(请特别参看上揭松浦玲书,第342页)。当然,"儒教国家"乃是松浦的说法。对小楠而言,儒教是理想主义同时也是普遍主义的象征,甚至拥有超越西方列强基督教国家之上的道德力量。

② 1857年小楠有诗曰:"人君何天职,代天治百姓;自非天德人,何以惬天命。所以尧舜禹,是真为大圣;迂儒暗此理,以之圣人病。嗟乎血统论,是岂天理顺!"(转引自上揭松浦玲书,第142—143页)。这种反对"血统论"的政治主张,在当时显然是相当激进的,而他所使用的理论武器乃是"天德"、"天理"等儒学理论,这就值得关注。

就是"尧舜以来之圣人"。① 为向外国榜样学习，有必要实行"开国"政策，而在其"开国论"（按，在幕末时代，正与"攘夷论"相对）的构想之中，他提出了三项设想：1. 以日本为"正大"之国，将"神圣之道"向世界推广；2. 若欲自强，必先治水军，开通海道；3. 西洋诸国如同"四海兄弟"，故应放开胸怀与彼结为一体之交，将极有利于商业交易。② 从这些构想中可以看出，"神圣之道"是指日本的"皇国神圣之道"——即以神道思想为根据的"道"，但他又说："所谓神圣之道，道者天地自然之道，乃我胸中所见之'仁'之一字者也。"③这表明，原来在小楠构想中的所谓"神道"其实是与儒教相沟通的，只是儒教"仁"之思想被他所借用，以便在世界范围内推广实现日本神道精神之理想。而中国儒教的典故"四海兄弟"在他的构想中，亦能成为与各国通商的理论依据。至此可见，小楠思想中存在诸多儒教因素，只是其所谓"儒教"已经渗入重要的日本因素，在此意义上可以说，小楠之儒教可谓是典型的日本化儒教。因为事实很显然，其所理解的"实学"绝不是宋代朱子学那个时代的"实学"，而是 19 世纪末日本面临西潮冲击背景

---

① 山崎正童：《横井小楠》上卷传记篇，转引自高坂正显：《明治思想史》，京都：灯影舍，1999年"京都哲学选书"第1卷，第52页。按，高坂此书原刊于1955年，是战后第一部有关明治思想的通史性论著。

② 横井小楠：《国是三論》（1860），转引自源了圆：《德川思想小史》第9章"幕末志士の悲願"第5"横井小楠の儒教改革"，东京：中央公论社，1973年"中公新书"，第233页。

③ 同上注。

下的"实学",其内涵已非朱子学所能涵盖。

诚然,所谓日本化儒教可以有许多形态,江户时代崎门学将朱子学与日本神道糅为一体便是典型之一,而小楠立足于"皇国神圣之道",主张文明开化以因应新时代的儒教亦是典型之一。表面看,其形态各异,然其实质在于主张"以德治国",汲取儒教的道德原理来安顿秩序。但与朱子学提倡的道德普遍主义又有所不同,传入日本之后的朱子学经过多层意义转化,特别是以朱子学为代表的形而上学遭受几次三番的猛烈攻击(尤其是江户时代的古学徂徕学和国学宣长学),在近代日本已经少有人关注朱子学的形上建构,人们更关注的是如何从中获取某些思想资源拿来为日本所用。就拿上面提到的元田永孚为例,他一方面相信儒教具有普遍性,但他同时作为文化民族主义者,又坚信日本道德具有特殊性,他在为另一位日本道德主义者野中准《日本道德原论》一书作《序》时指出:

> 一家有一家之道,一乡有一乡之道,何况一国之间?夫邦国风土殊异,文化有差,政治法律不尽而同。……思及此,故主张道德亦得分为普遍、特殊二种。①

---

① 野中准《日本道德原論》卷首元田永孚《序》,东京:松成堂发行,1888年,转引自陈玮芬:《"伦理"、"道德"概念在近代日本的转化与再生》,载李明辉、邱黄海主编:《理解、诠释与儒家传统:比较观点》,台北:中央研究院中国文哲研究所,2010年,第254页。

这是一种"外来"普遍主义、"内发"特殊主义的典型心态(丸山真男语,详见后述),而这种日本道德特殊论看似自我降低一级,比不上西方道德普遍性,然而当这种特殊道德在明治晚期逐渐普及而变身为"国民道德论"——即以构建一国上下、全民一致的"道德"为宗旨——之后,则由此而形成的"道德团体"之力量就足以抗拒西方势力,并且还可上升为大东亚文化圈的普遍原理。又如曾为《教育敕语》撰述《衍义》的明治晚期著名学家井上哲次郎(1855—1944)就认为西方所擅长的是道德原理而不免轻忽"伦理政策"层面的具体问题,西方伦理学更不知将一国之特殊的"国民道德"纳入自己的理论框架中,也正由此,有必要将日本的"国民道德"之精神揭示出来,这才是时不我待的迫切课题。① 显然,从元田、野中再到井上,他们心目中的"儒教"相当一致:"道德特殊论"。

须指出,明治后半期出现的这种"道德特殊论",与大正昭和年间出现的"国民道德论"还是有些不同,他们往往并不完全否认道德普遍性,而是主张普遍之道德须置于各国"特殊"的文化背景中才能发挥作用。这里我们可以西村茂树为例来进一步说明这一点。

3. 西村茂树:日本道德论

西村茂树(1828—1902)的《日本道德论》(明治二十年,

---

① 井上哲次郎:《国民道德概论》,东京:三省堂,1912年,第18页。

1887)一书为其博得大名,而早在明治九年(1876),他就为了重建道德而创办了"修身学社",与其晚年创办"日本弘道会"一样,旨在推动"仁义忠孝的道德运动",他反对明治初年出现的"汉学断种政策"的官方教学方针,成为明治晚期"教学刷新运动的先驱者"。① 所谓"教学刷新运动",是指明治十五年(1882)以降,文部省所实行的一系列教育新政策,例如恢复"汉学"等诸多举措,用西村的说法来定位,即"儒教主义的复活"。这一点已如上述。然而事实上,西村虽是儒教复兴运动中的一员,但他同时也是一位积极参与"明六社"活动的自由民权主义者,而且他也不是民间知识人,曾长期担任文部省官员(1873—1886),明治六年(1875)还曾出任明治天皇侍讲,恰好与元田永孚是"亲密战友",②因此在他身上体现出双重性格:主张文明开化的进步性与主张儒教主义的保守性。这两种看似矛盾的性格同时并存,往往在"未曾有之时代大变局"的动荡岁月中并不鲜见,中国的王国维便是显例。③

---

① 吉田熊次:《西村茂樹》,文教书院,1942年,第1页。转引自真边将之:《西村茂樹研究——明治啟蒙思想と国民道德論》,京都:思文阁出版,2009年,第6页。

② 元田永孚担任汉书侍讲,西村茂树则担任洋书侍讲。参见上揭高坂正显:《明治思想史》,第150页。

③ 参见王汎森的新著:《执拗的低音——一些历史思考方式的反思》第三讲"王国维的'道德团体'论及相关问题",上海:复旦大学出版社,2014年,第127—158页。根据王汎森的考察,王国维的性格犹如"两列对开的火车","他自己就是一个矛盾",既有西方化的新学问,又有强烈的"东方政治和道德关怀"(同上书,第156页)。西(**转下页注**)

在西村的"日本道德论"的构想中汲取了儒教和西学的双重营养,他是日本最早的西方教育史的翻译者,① 还曾根据西方"修身书"来撰述《求诸己斋讲义·修身学》。② 故对西村而言,中西道德学都有必要加以摄取,他明确主张:"今日欲兴道德之学于我国,宜以西国之道德为准绳模范",但他同时也清楚地意识到这种西方普遍性的"准绳规范"必须经历一番"日本化"的调适工作,以与日本的"国势人情"相合才有现实之意义,他说:日本与西方"其国势人情有不合者,土地相异之故也。故更应广泛通观古今东西之道学,又验至其身之阅历,以之裁成损益,而求得其完全。"另一方面,他认为中国儒学也有必要经历一个"在地化"的过程:"支那之圣贤之学虽为至善,然今日用之于我国,则时异地异,而西国之道学虽其地不同,然其时则同",可见,西方"道学"在支那"圣学"之上,显示出西村思想的"西化"风格。然而,西村又在"通观古今东西之道学"、"以求得其完全者"的立场上,认

(接上页注)村在某种程度上,正与其相仿佛,只是西村仍然有"得君行道"的机会,而王国维则须面对学术与精神的双重打击而陷入难以自拔的矛盾,两者自不可同日而语。顺便一提,王国维的"道德团体"论其实来自日本的道德主义者浮田和民(1860—1946)。我们下面有机会提及他。

① 西村茂树译:《教育史》,文部省,1875 年。原著为:Brockett, Linus Pierpont(1820—1893): *History and Progress of Education, from the Earliest Times to the Present.* (New York: A. S. Barnes & Burr, 1860)。转引自上揭真边将之书,第 109 页。

② 同上注。按,《修身学》撰于明治七年(1874),出版于明治十年(1877)。

为"支那之圣贤之学"亦有与西洋道德共通之处,重要的是需要对儒教中"固陋迂阔"的部分做一番手术治疗,将"道德"从"格物致知"领域中"独立"出来,并将"开智"与"修德"结合起来,方是"修身"之正道。① 可见,其对儒教道德是有基本认同的。他说:

> 自我国中世以还,通上下而获得一般势力者即儒教也。
>
> 儒教虽假借于汉土者,然与皇国固有之道德紧接密合已久,成为辅翼我风化之开进的重要枢机,显现盛大之影响。……

显然,西村心目中的儒教早就与日本皇国之道德"紧接密合"在一起了,所以已是日本化的儒教而非原来的那个原产地"汉土"之儒教,但此所谓"日本化"并非只是抽象之词,而是指在不违背皇国道德精神之前提下,主张"修身之道不可弃孔孟之道而他求者","小学修身书须以采用汉籍四书为第一"。②

至此可见,西村的"日本道德论"仍有强烈的儒教主义(特别是朱子学)色彩,只是他的道德思想既有西学"日本

---

① 以上参见上揭真边将之书,第122—124页。
② 以上分别见西村茂树:《小学修身書編纂方大意》、《巡視功程附録》,转引自上揭真边将之书,第90—91页。

化"又有儒教"日本化"的双重因素。① 这在今人看来,在其身上似有"两列对开的火车",然就其自身言,在近代化与日本化的双重夹击下仍能游走自如,西洋道德与儒教伦理恰如车之两轮、鸟之双翼,两者可以并行不悖而不至于人格分裂。只是其道德论的基础显然奠定在"日本儒教"这一点上,②西洋道德毕竟须在符合日本国情的条件下才能起到外缘性的帮助作用,而且其道德论主张最终导向了"国民道德论",适以为后来的国粹主义及帝国意识形态背书,当然,这与后人利用西村之说而将其道德论引向国粹主义有关,就西村思想的基本特质看,难以判定其为狭义的国粹主义者,③但至少可以说其思想之本色表现为以日本为本位的儒教保守主义,这是毋庸置疑的。④

4. 小结:儒教主义的反弹

历来,人们对明治维新以后的日本走向有一基本认定:

---

① 也有一种观点认为可以将明治二十年的社会思潮大致分为"西欧派"与"国粹派"之争,参见色川大吉:《明治精神史》下卷第3章"明治二十年代の思想·文化——西欧派と国粹派の構想",东京:岩波书店,2008年再版(原由黄河书房刊于1968年)。

② 例如西村曾明言:"儒道之行于日本,年代尤久,故可说日本国人之道德全以儒道养成者。"(西村茂树:《日本道徳学ノ種類》,原载《东京学士会院雑誌》四,1883年3月。转引自上揭真边将之书,第128页)

③ 参见上揭高坂正显:《明治思想史》,第146—148页。

④ 例如家永三郎指出,有大量史料可以证明西村茂树与其师佐久间象山(1811—1864)一样,既是"开国论者",主张汲取西洋近代文化,但同时又是"儒教至上主义者",参见氏著:《日本近代思想史研究》所收《西村茂樹論》,东京:东京大学出版会,1953年,第133—134页。

以为日本已走向一条"近代化"的不归路,这在某种意义上是仍然有效的判断,然而通过考察幕末至明治二十年间的日本思想大动荡所呈现的复杂样态,我们可以看到"日本近代化"与"儒教日本化"进行着惨烈的博弈,正是在这两种思潮的双重夹击下,儒教主义出现了反弹,像元田永孚、横井小楠、西村茂树那样的儒教主义、日本道德论便是典型的案例。

事实上,在明治二十年前后,自由主义正在展开一场"洗脑"运动,道德与政治、学术与价值应当二分这一西方近代性的政治理论已呈漫延之势,例如近代日本哲学家西周(1829—1897)的《百一新论》(1874)便是其例之一。然而时隔一年,西村茂树便撰述《修身治国非二途论》一文,针对这类割裂道德与政治的"近代性"观点展开批判。① 所谓"修身治国非二途论",恰与内圣外王合一论这一儒学传统(尤其是宋代新儒学)十分相似,在此"非二途论"中,修身乃是治国的前提条件,而"修身"又是"道德"的代名词,套用时下的世俗说法,当时明治政府所欲推行的是"精神文明"运动,以抵制西方"物质文明"带来的思想污染。不过,西村茂树的立场显然更为保守,他甚至极力主张应当回到"政教一致"的德川时代,以为"当今日本社会道德教育之失落"的原因之一就是"政教不一致",而在德川时代实行的完全是"政

---

① 原载《明六雜誌》第31号,1875年3月。参见高坂正显:《明治思想史》,第150页。

治、法律与儒教一致"的国策。可见其所谓"政治一致"的"教"是指"儒教"。① 只是西村力图推动的这场"儒教"道德运动还刚刚点了一把火,待其势成燎原则要等到20世纪初,随着帝国主义的自我膨胀,由明治晚期的"日本道德论"转化出帝国制度下的"国民道德论",进而掀起了一场"臣民道德"运动。

要之,日本道德论的核心主张在于:道德须服从于帝国"政治",甚至须与国家意志下的整体主义挂钩,直至达到严丝密合的程度,其中"儒教"又扮演了什么角色,这是令我们颇感兴味的问题。

---

① 参见西村茂树在明治二十年(1887)所作的《下野喜连川教育令演説》,载西村茂树:《泊翁叢書》第2辑,日本弘道会编,1912年,第199页,转引自上揭家永三郎:《日本近代思想史研究》,第135页。

三 "日本道德论"到"国民道德论"

如果说,明治二十年前后,儒教主义与近代主义仍处在此消彼长的态势,西村茂树作为一位民权论者及儒教论者,他的《日本道德论》尤能正视西方道德的长处,故其儒教主义尚能与国粹主义保持一定的距离,反映出在"近代化"浪潮中,儒教保守主义尚未沦落为文化专制主义的拥抱者,他们的道德诉求主要着眼于在传统与新潮之间如何进行调适以保持一定程度的平衡;那么,及至明治晚期在历经1894年甲午战争和1905年日俄战争之后,整个社会心态、思想舆论乃至人们的大脑发生了急转直下的变化,刚刚搭上的"近代化"这辆火车,接着就变身为帝国主义这趟没有刹车的高铁列车。

1. 几点说明:"道德"为一切问题的核心

在进入本节的正式讨论之前,有几点需要立即说明。因为行文至此,或已造成一种印象,仿佛明治思想界惟有"日本道德论"或"国民道德论"一枝独秀,当然这是误导。其实出于本文主旨的需要,我们在考察儒教与近代日本之关系问题时,不得不抓住一个关键词:"道德"。因为在整个近代日本思想史上,名目繁多的各种主义思潮最终都可归结为如何解决"道德"问题;但这并不意味着"自由"、"民权"等其他问题在明治昭和思想史上就不重要。本节将要考察的"道德"问题也构成大正昭和期间日本思想界的主题之一,而且与儒教日本化也有不少牵连,以便于我们省察日本在近代化道路上何以总是与"道德"问题纠缠不清,同样,这样做也并不意味着近代日本就不存在其他思想史问题。这是其一。

第二,道德问题对明治以来的近代日本为何重要,这是由于维新以来,日本在急速转向西化的同时,如何通过道德的手段将全体国民与国家意志拧成一股绳,实现政治上、思想上的"同一化"、"同质化",惟有如此,才有可能集全体国民之力来抗争西方列强的冲击,例如二战末期日本军国政府叫嚣的"总力战"才有可能,而"国民道德论"正是在此背景下产生和演变的;然而就本来意义上说,作为道德哲学的"道德"在本质上是属于个人的人性或良心问题,用"国民"来限定或修饰"道德",在学理上就显得很奇怪,儒教历史上尽管有所谓的"一风俗"、"同道德",但那只是道德理想主义的说辞,至多是对社会风俗的一种美好想象,任何一个具体的、处在某种历史状况下的社会或国家,都不可能真正实现全体国民的道德"同一化",因而也就根本不存在什么"国民道德"之实体,除非持这种主张者另有企图。诸多历史事实表明,所谓"日本道德论",在明治二十年前后刚出笼的时候,或许多少有点理想主义色彩,然而到了明治晚期的19世纪末20世纪初,粉墨登场的"国民道德论"则完全是不折不扣的意识形态概念。

最后第三,还有一点须简单说明的是,根据丸山真男的考察——从类型学的角度看(且从时间顺序上看),日本近代思想史上的主流可以分为先后三种类型,除了后两种类型与本文论旨关系不大故而从略以外,① 第一种类型便是"国

---

① 为了行文的完整性,简述一下后两种类型。丸山将第二型规定为"作为文化史的思想史",这是作为"国民道德论"的一种反动面目而出现的,而"文化史"概念源自19世纪德国史学派,即August Boeckn(奥古斯特·柏克,1785—1867)的"Philologie"(文献学)以及Wilhelm Dilthey(威廉·狄尔泰,1833—1911)的"Geistesgeschichte"(精神史)中的史学方法论,具体而言,村冈典嗣(1884—1946)《本居宣长》(1911)、和辻哲郎《日本精神史研究》(1926)为代表,前者受柏克"被认识的再认识"(Erkennen des Erkannten)之方法影响,倾向于文献学方法,而后者受狄尔泰的影响(晚年更是受海德格尔的影响),倾向于解释学方法,特别是和辻的伦理学虽有表彰"尊王思想"的一面,但他明确表示对"国民道德论"的厌恶,总体来说,村冈与和辻的研究特质多少有点历史相对主义的味道;而在此类型中略与上述两位学者的研究趋向不同,由于也反对"国民道德论"而接近"文化史"趣向,故亦属于这(转下页注)

民道德论",其核心主张可以一言以蔽之:"树立起帝国臣民应当遵守的道德,这才是现代日本的切实问题。"①接着丸山

(接上页注)一类型,这就是津田左右吉(1873—1961)的独特研究,其代表著作是《文学に现らわれたる我が国民思想の研究》(1916—1921),包括其有关日本神话的研究(按,指《古事記及び日本書紀の新研究》1919年、《神代史の研究》1924年等),至今仍是"灿然辉煌的名著";第三型则是1920年代后期兴起的一股马克思主义"旋风"。以上参见丸山真男:《英語版への著者の序文》(《作者写给英文版的序》),《日本政治思想史研究》,东京:东京大学出版会,1983年新装版,第384—390页。按,关于第三型"马克思主义",作者用了4页篇幅作了详细解说,他尖锐指出马克思主义在日本的影响具有"意味深远的两义性"(同上书,第387页),只是这里已无暇详述,关于个中问题,可参看丸山《日本の思想》(东京:岩波书店,1961年),其中有专门讨论。另外,有关上述村冈、和辻、津田三人的研究特色,有学者认为他们都不认同儒教为"日本思想"之本质,欲通过排除儒教以发现日本固有的"日本思想"之"优越性",由此可说他们继承了江户时代"国学"的传统(参见上揭荻生茂博:《近代・アジア・陽明学》,第314页),这个说法与上引丸山之说的角度颇有不同,可备一参。在笔者看来,津田的"儒教非本质论"太过著名,无需多言,和辻的《風土》(1935)以及村冈的"国体思想史"系列研究都充分表明两者的思想工作在于挖掘和弘扬"日本精神",特别是《風土》一书有不少"蔑亚"论调,这些都是确凿的事实,当然他们都与国家意识形态下的国民道德运动保持距离也是事实。关于村冈,可参看前田勉:《解説——日本思想史学の生誕》,村冈典嗣著、前田勉编:《新編日本思想史研究》,东京:平凡社,2004年"东洋文库"本;关于和辻,可参看子安宣邦:《和辻倫理学を読む——もう一つの"近代の超克"》(《解读和辻伦理学——另一种"近代的超克"》),东京:青土社,2010年。

① 上揭丸山真男:《英語版への著者の序文》,《日本政治思想史研究》,第383页。按,这篇序文是丸山为普林斯顿大学出版社出版其著《日本政治思想史研究》英文版而作,写于1974年8月。这是一篇很重要的文献,简直就是《日本政治思想史研究》的一篇"导读",有许多话是1940年代作者在构思该著时所不能说的,因此很值得参看。顺便一提,王中江的中文译本(北京:生活・读书・新知三联书店,2000年)也收入了这篇序文,颇具慧眼。

指出:"既然是道德问题,那么在'传统的'意识形态当中,特别将重点放在儒教身上,这是很自然的事情。"①依丸山,在这股国民道德论的思潮中堪称"代表选手之一"的是"东京帝国大学伦理学教授井上哲次郎博士"。② 丸山的上述观察,给我们以很大启发。

2. 井上哲次郎:国民道德运动的"旗手"

现在,我们就从井上哲次郎说起。其实,上文提到1890年《教育敕语》的出现是"儒教复兴"的信号,因为其中宣扬的"忠孝一体"显然有很清楚的日本化儒教之背景,而近代日本首位在东京大学主讲东洋哲学的井上哲次郎为其背书,在1890年《教育敕语》颁布的翌年7月便撰成《敕语衍义》,从国家主义的立场出发,将这部"国民教育纲领"提升至"国民道德"论的高度,后又直称之为"明治之《圣典》",③竭尽美化之能事,自此日本化的儒教道德发生了方向上的大转变,"日本道德"论遂蜕变为"臣民道德"论。一般而言,在人们的印象中,井上是将德国观念论哲学介绍至日本的功臣,他的有关日本儒教的三

---

① 上揭丸山真男:《英語版への著者の序文》,《日本政治思想史研究》,第383页。
② 同上注。
③ 井上哲次郎:《国民道德概論》"序論",东京:三省堂书店,1912年,第12页。

部作①也具有开创之功,这是学界至今仍然认可的,只是由于其将学派斩截得过于"清楚"却反而有失史实,例如日本阳明学在江户时代是否真有所谓的"学派"存在,今人已有不少质疑,此且不论。②

另一方面,他与时局走向靠得太近,既是一位民族文化优越感特强的学者,同时也是一位激进的国家主义者,以至于落下了"御用学者"的名声。③ 不过正如明治知识人往往具有双重性格一样,他在学问上也算是一位新潮人物,只是在道德上、政治上,他又坚决往右走,显得很保守。因此,当他于明治二十三年(1890)从德国留学归国以后,马上就发现在日本上空弥漫的"西风"空气严重"腐蚀我国民道德心",于是便开始着手从东洋哲学中挖掘资源来抵御这股歪

---

① 即《日本陽明学派之哲学》(1900)、《日本古学派之哲学》(1902)、《日本朱子学派之哲学》(1905)。

② 其实,早在1940年丸山真男发表的论文中就指出阳明心学在江户时代并未呈现作为"独立之学派的发展。……因此在日本,将阳明学置于独立于朱子学之特性的意义上来进行探讨,这是没有意义的"(见上揭丸山真男:《日本政治思想史》,第32页注8。按,着重号原有)。此诚为卓见。只是由于丸山当时对中国儒学的了解十分有限,故其对阳明学的理解颇有问题,此亦不必太过苛责。

③ 例如前田勉在为村冈典嗣的名著《(增補)本居宣長》一书所撰的《解说》中就如此断定,见《(增補)本居宣長·解說》,东京:平凡社,2006年"东洋文库"本,第297页。事实上,就在当时的明治二十六年(1893),阳明学者暨日本主义者三宅雪岭(1860—1945)便尖锐地批评:"井上君虽未忘臣民之义,却忘却了学者之本分。"(《勅語衍義を読む》,载《哲學雜誌》第75号,明治二十六年,转引自家永三郎:《明治哲学史一考察》,载其著《日本近代思想史研究》,东京:东京大学出版会,1953年,第216页)这显然是在指责井上不过是"御用学者"而丧失了作为学者的资格。

风,他的发现是阳明学在东洋伦理中是最值得学习的楷模,因为阳明学者不但"怀抱纯洁如玉的动机,贯彻壮烈乾坤的精神",而且也与日本神道精神最能契合。①

就在他撰写上述三部作的同时,其对"国民道德"问题的兴趣丝毫未减,明治四十五年(1912)7月,他在文部大臣的一再催促下,将自己在明治四十三年(1910)以来的五次讲演稿整理成《国民道德概论》一书出版,顿时成了畅销书,此后一再增订重修,②影响甚广。昭和年间,他又为了将"国体论"与"道德论"整合在一起,撰述了《我国体与国民道德》,③并且在日本占领满洲并将全面入侵中国,开始大造舆论重振"日本精神"及"大和魂"之际,他又有《日本精神之本质》、《日本之皇道与满洲之王道》、《东洋文化与支那之将来》④等一系列著作问世。此可见,说其为"御用学者"并没有冤枉他,从其一生的著述经历来看,不难发现他的核心关怀在于将所有价值收拢至国家主义的框架内,并企图将老百姓的思想牢牢锁在国民道德论的笼子里,以为由此才能使得

---

① 井上哲次郎:《重订日本阳明学派之哲学序》,见《日本陽明学派之哲学》,东京:富山房,1924年重订版,第1页。
② 井上哲次郎:《国民道德概论》,东京:三省堂书店,1912年8月初版,此后分别于1918年和1928年出版了"增订版"和"新修版"。
③ 井上哲次郎:《我が国体と国民道德》,东京:广文堂书店,1925年9月。
④ 以上三书分别为:《日本精神の本質》,大仓广文堂,1934年7月;《日本の皇道と滿洲の王道》,东亚民族文化协会,1935年8月;《東洋文化と支那の将来》,理想社出版部,1939年2月。

日本的国民道德重现光芒。

如果要说其"国民道德论"有何特色,其实也没有什么特色可言,因为大凡是国民道德论者都会有的"特色",不过我们还是介绍一下他对"国民道德"的定义:

> 所谓国民道德,是其国民特别发展而来的道德,它是国民应当遵守的,就在守住这一道德的同时,才有作为国民的生命。①

这是说,"国民道德"是一种"特殊道德",而国民生命有赖于"国民道德"。与此相应,还有一种"一般普遍的道德",那是作为个人应当遵守的道德,但是"在一般普遍的道德之外,还有作为国民特别应当遵守的道德。"②这里所说的"一般道德",是指"世界道德"亦即普遍性道德,而他所说的"国民道德"则是日本的特殊道德,显然这是一种"日本特殊论",强调日本在道德上与其他民族不同而独树一帜,重要的是,日本特殊的道德不是作为个人的道德而是日本整个民族的道德,故而必须呈现为"一体"主义(二战期间又由"日本一体"发展为"东洋一体"),是在"国家理性"、"国体主义"之名义下的必须共同遵守的道德而容不得个人自由意志决定。

---

① 《国民道德概論》第 1 章"国民道徳の意義",东京:三省堂书店,1912 年,第 22 页。
② 同上注。

当然,若要对井上的上述观点进行反驳,那是容易的,但恐怕会变成"关公战秦琼",也就作罢。总之,丸山称其为"代表选手之一"是很委婉的说法,在我们看来,他完全有资格充当国民道德运动中思想上的"旗手"。

3. 西晋一郎:"外来之教日本化"

井上门生西晋一郎(1873—1943)也有《教育勅语衍义》①之作,可见他也是一位国民道德论者。不过,西不仅是激进文化保守主义者而且还是国家主义者,他的一些观点与其师井上略有不同,他既欣赏阳明学也信奉朱子学。他的学术生涯有点奇特,由西哲(主攻费希特)经由中哲(尤关注宋代理学及礼学问题)而最后转向日哲(对中江藤树特别佩服),目前学界一般认其为哲学家、伦理学家、教育学家。②

他在道德的一般论问题上,有普遍主义倾向,但又认定日本道德的特殊性。然须注意的是,他的那部《东洋伦理》

---

① 西晋一郎:《教育勅語衍義》,东京:贤文馆,1940年。
② 不过,战后有关西晋一郎的专题研究意外少见,笔者仅找到论文著作各一部:绳田二郎:《西晋一郎の生涯と思想》,东京:五曜书房,2003年(按,作者为西的弟子);片冈绘里子:《西晋一郎の道德教育思想》,载《甲南女子大学大学院論集創刊號》(人间科学研究编)2003年3月。给笔者以启发的毋宁是中村春作:《江户儒教と近代の"知"》第5章 '国民'形象化と儒教表象——1930年代日本における",东京:ぺりかん社,2002年,第191—223页。其中对西晋一郎有专门讨论。

发表于1934年,故其强调的普遍主义,更与当时军国主义时代的舆论导向——亦即为建构"大东亚共荣圈"而必须树立"整体主义"、"一体主义"①之信念多少有点关联,这是不容忽视的。他一方面坚定地认为儒教作为"汉人的国民道德"必具有"涵盖道德"的普遍性,由此普遍性故儒教亦能滋养"我国民道德",他主张在提升日本国民道德之际,可以不妨借用儒教道德,这个观点反映了20世纪30年代的日本在反思近代化之际,意图以儒教道德作为"东洋"的共同精神遗产,以此来抗击西潮的侵蚀;但是另一方面,西又坚信必须对儒教作一番"日本化"的改造,将儒教的普遍性与日本的"历史之精神"相衔接:

> 为使外来之教日本化,有必要超脱其历史之内容,摄取其普遍性,并与我历史之精神内容相连接。②

须注意的是,所谓"外来之教日本化"不仅是指儒教日本化,还可包含西学日本化之意。但问题是,如何才能"超脱其历史之内容"?西的答案是:"脱先王、脱孔孟、脱程朱,超古今、超东西,以完全独立地建立我国之教。"③原来,他所谓的

---

① 例如随意翻开其著《東洋倫理》,便发现他将日本"国体"直接定义为"君臣一体"(《東洋倫理》,东京:岩波书店,1934年,第274、275页),而该著目录中就特别设有"政教一致"、"祭政一致"两条。
② 《東洋倫理》,第276页。转引自上揭中村春作书,第215页。
③ 同上注。

"摄取普遍性",是建立在彻底超越中国儒教的基础之上的,不仅要在时间上超越中国之"古今",而且还要在空间上超越"东西"方文化。由此立场出发,他对视先王之礼为"无上之道"的徂徕学以及被称作"孔子宗"(以孔子为宗)的仁斋学均十分不满,以为这些古学派学者的"批儒"并不彻底,对儒学之根基的孔孟之学仍手下留情。在他看来,只有朱子学经过一番日本化的彻底改造,例如崎门朱子学或能成为"国家道德"的源泉。而他对日本朱子学之所以表示欣赏,原因在于他看重日本朱子学的普遍主义观点,而此观点对于"王政维新(即明治维新)之大业的精神方面"有很深的渊源关系,[1]例如维新时期鼓吹的"尊王精神"便是"有取于宋的义理之学"。[2] 在他看来,正是宋学"普遍的"义理之学与日本"国民精神"相遇,才得以真正的实现。而其眼中的所谓"宋的义理之学",无疑就是朱子学,吸取其精神,转化其内容,而真正建构起日本儒教之道德精神者,乃是暗斋开创的日本朱子学——即广义上的崎门学。[3] 与此相应,对朱子学发起公然挑战的仁斋学、徂徕学也就无法完成"外来之教日本化"的任务。

西晋一郎是一位著述甚勤的学者,除《東洋倫理》外,

---

[1] 西晋一郎:《東洋倫理》,第251页。转引自上揭中村春作书,第214页。

[2] 《西晋一郎先生講義:日本儒教の精神》,东京:溪水社,1998年,第31页。转引自上揭中村春作书,第215页。

[3] 按,西晋一郎对崎门三杰之一的浅见絅斋的"气者之理"这一命题特别赞赏。参见《東洋倫理》,第40页。

还撰有一系列有关道德问题的论著,至少有这样一批书值得关注:《倫理学の根本問題》(1923)、《実践哲学入門》(1930)、《忠孝論》(1931)、《国家と教育》(1932)、《我が国体と国民性》(1936)、《礼の意義と構造》(1937)、《東洋道德研究》(1940)、《教育勅語衍義》(1940)、《藤樹学講話》(1941)等等。① 而在他的道德研究中,有中日文化比较的视野,他通过比较提出了两个重要观点:一是他认为日本"国体"是普遍的(但其道德又是特殊的),与此不同的是中国"国体"则是"特殊国体"而缺乏普遍性;一是他认为中国有关"天"的思想始终停留在"抽象的"层面,故而是"非实在的",由此中国并没有真正确立君主绝对性,这也是中国并未实现"真正的国家统一"的根本原因。在他看来,近代中国尚处在"非国家化"的状态——即所谓"中国非国家论",因而中国所面临的乃是"统一化问题"以及"国民国家的重建问题",相反,日本的国民国家早已实现,而其"国体"乃是"实在的",原因在于"绝对的超越

---

① 在西晋一郎这批论著问世之前后,至少还有一批著述共同构成了当时日本儒教或日本精神复兴运动的一道风景:橘朴(1881—1945)《王道の実践としての自治》(1931)、和辻哲郎《人間の学としての倫理学》(1934)、《風土》(1935)、津田左右吉《シナ思想と日本》(1938)、《儒教の道徳実践》(1938)、武内义雄《儒教の精神》(1939)、大川周明(1886—1957)《日本文明史》(1921)、《復興亞細亞の諸問題》(1922)、《日本精神研究》(1927)、《日本二千六百年史》(1939),等等。有关二战战犯暨极端民族主义者大川周明的思想批判,参见子安宣邦:《方法としての江戸》第7、8章,东京:ぺりかん社,2000年,第155—196页。

的天与君主得以直接结合"。①

从中可见,近世以来通常以为中国代表普遍而日本代表特殊的观点至此已经被扭转——即国体论意义上的"认识论颠覆",而中国思想受其国体的"特殊性"之限制,已不可能真正地付诸实施,"得以实行的惟有日本",同样,"在支那,君臣之道并非历史之实际。……宋学虽是儒学的一种发展,但其论事只是在道理上,而非历史之事实,惟有日本(的君臣之道)才是符合实际的存在。"②通过这种"认识论颠覆",由此引出的结论是:真正能使"普遍化"的宋学付诸"实际",并作为"国民道德"而得以"土著化"的只有日本,从而形成"我日本之国体",这才是儒教完成"日本化"的真实体现。可见,正是在日本"国体论"、"国民道德论"以及日本儒教的重构过程中,儒教面临着"再日本化",而此次的"再日本化"其实是对江户儒学的严重扭曲,成了宣扬"日本国民精神文化"的符号。值得关注的是,儒教与日本精神互相连动,其结果实现了日本普遍而中国特殊这一国体论意义上的认识论翻转,其目的在于借"日本儒教"以重建日本国体。在这里,所谓"儒教"已不再是原来的那个中国儒教,而是经过日本国家之"实体"转化的作为日本精神——甚至直接就是亚洲价值之代表的所谓"日本儒教"。

---

① 参见上揭中村春作书,第198—199页。
② 《西晋一郎先生講述:易・近思録講義》,木南卓一校订,东京:溪水社,1997年,第228—233页,转引自上揭中村春作书,第202页。

因此,在西晋一郎等一批国民道德论者的眼里所浮现的所谓"儒教",其实已经被日本取而代之,故西晋一郎会说:(对宋代儒教的)"我国学者的解释,毋宁应当理解为正是我国民精神的显现。"①例如中国儒教传统之概念"忠孝"经过日本儒教的"解释",成为"日本固有的忠孝",并成为世界普遍的"伦理学"本质,而西的"忠孝论"及其"伦理学"的核心论点就在于"忠孝一致"。此"忠孝一致"看似理念而非现实,然而此理念是否直接就是现实,这不是"哲学的问题"而是"历史告诉我们的事实","我国之历史即显示了这一点"。②

至此可见,"忠孝论"不是儒教经过"日本化"之后的结果,而是日本历史本身所体现的作为"历史实体"而存在的日本精神、国民道德。例如他表彰"藤树学"的目的之一就在于:从藤树的"孝"思想当中重新发现江户期日本儒教的"国民道德",而在他看来,江户儒教道德并没有中断,与当时昭和日本正相连续,故江户期的道德完全可以在昭和期以"国民道德"的形式得以"再生"。更重要的是,日本"国民道德"固与江户儒教存在连续性,但必须经过一番去"中国性"的转化——即实现日本的"内部化",由此日本儒教伦理的

---

① 《礼の意義と構造》,国民精神文化研究所刊,1937 年,第 63 页。转引自上揭中村春作书,第 201 页。
② 西晋一郞:《忠孝論》,东京:岩波书店,1931 年,第 45—46 页。转引自上揭中村春作书,第 207 页。

国民道德才能重生。至于"忠孝一体"的一体性思维与江户时代的"祭政一体"(实即"政教一体")互为表里,其本质乃是明治国家意识形态的"政教一体"论在伦理学领域的反映而已。

最后关于西晋一郎再说几句。根据中村春作的判断,西所从事的重建东洋伦理的工作,实质上呈现为"儒教日本化＝普遍化"①的一种结果。那么,何以"日本化"即"普遍化"呢? 事实上,西晋一郎在东洋/西洋的对抗思维构架中,他坚持认为日本的国民道德是一种"特殊"的形态:

> 若要说国民道德,是为我国所独有的特殊道德,也许有人会认为在他国实行的是人类一般的道德,然而所谓人类的道德是不存在的,只有一国一国的国民道德,在此之外并没有贯通人类的所谓一般道德。②

很显然,西对其师井上哲次郎《国民道德概论》一书中的观点(见上述)进行了修正。表面看,他在这里强调的是道德的特殊性,特别是日本的国民道德是不同于西方道德的特殊形态,因而也就具有特殊意义,仿佛他对道德普遍性是持否定态度的。然而事实上,其观点并不这么单纯,他强调

---

① 参见上揭中村春作书,第210页。
② 西晋一郎:《国民道德大意》,文部省教学局编纂,1941年,第1页。转引自上揭中村春作书,第208页。

指出:"所谓人类全般的道德,是将各国各地具有特色的道德之特色原封不动地看作人间道德而实存。"①这里反映出近代日本学者受德国哲学的影响,已能熟练掌握这样一种思维方式,即所谓的"个别即普遍的历史存在论"。② 此论调颇有点类似于京都哲学派惯用的"绝对矛盾的自己同一"的逻辑。③ 在个体与全体、特殊与普遍之间可以通过这种逻辑得以直接翻转,因此西晋一郎所构想的与其说是特殊的日本道德,还不如说是日本儒教伦理的"普遍性",而这种普遍性是"与西洋相对的,可谓是东洋的一种共通性",④从东洋伦理中挖掘出存在于"特殊日本"的道德"普遍性",这是其《东洋伦理》一书努力探讨的主题,至于其具体的论证过程,在此无法详细涉及。

---

① 西晋一郎:《国民道德大意》,文部省教学局编纂,1941年,第4页,转引自上揭中村春作书,第208页。
② 参见上揭中村春作书,第208页。
③ 按,这是京都学派哲学派创始者西田几多郎(1870—1945)晚年提出的著名命题,见其《哲学の根本問題——行為の世界》(1933)以及《哲学の根本問題続編——弁証法の世界》(1934)等书,其理路是:个体与个体的互相限定即一般者(即"绝对无")的自己限定,个体与一般者的绝对对立矛盾在绝对肯定即否定、绝对否定即肯定的"辩证法世界"中,得以结合为"相即"的东西(如"一即多,多即一"、"内即外,外即内"),从而实现"自己同一",他将这种辩证逻辑运用于民族国家、政治道德等领域,成为晚期西田哲学的最终原理。参见小坂国继:《西田哲学の研究——場所の論理の生成と構造》(《西田哲学研究——场所逻辑的生成与构造》),东京:ミネルブァ书房,1991年,第327—328页。按,西田提出的这种个体与一般的"相即"原理,在战争期间被恶用,以为是日本特殊可以战胜西方普遍的思想依据,故在战后他的这套理论一时备受质疑和冷落。
④ 《東洋倫理》,第2页。转引自上揭中村春作书,第210页。

要之,西晋一郎的核心观点是:儒教伦理原有普遍性,故能成为日本国民道德之资,然而日本儒教取此"普遍性"而祛除"支那的特殊性",经过一番"个别即普遍"式的辩证否定,从而使之转化为"日本的"个别性,而此个别性又直接构成"普遍"伦理。①

4. 小结:由"入欧"重返"亚洲"

总之,西晋一郎的问题意识很清楚,在他看来,若向前回溯六十年,自明治初年来看,日本社会已经整个处在"西潮"的雾霾当中,故有必要回归亚洲、重返日本,他断然声明:

> 所谓回归亚细亚,其意是指与六十年来盲目模仿的西洋物质文明诀别,回归传统的日本精神,基于东洋本来的文明与理想来守护我亚细亚,此即吾之所谓回归亚细亚之真意所在。②

显然他要彻底扭转福泽谕吉"脱亚入欧"的口号,因为这已成了全盘西化的象征,如今必须痛下决心与"西洋物质文明诀别",既要重归"亚洲"之原点,又要重返"传统的日本

---

① 参见上揭中村春作书,第213页。
② 转引自上揭中村春作书,第216页。

精神"。

诚然,宣称日本回归作为亚洲国家的"主体性",似乎理所当然,但是很显然,他的上述说法只有放在昭和早期开始鼓动的"大东亚共荣圈"以及帝国日本开始向亚洲扩张并且号称要从西方列强手中"解放亚洲"的时代背景中去解读,才不至于误解隐藏在西晋一郎主张"儒教日本化"之观点背后的真实意图。

四 "近代超克论"与"道德生命力"

如果说,要梳理清楚明治思想史、大正思想史、昭和思想史,对我们"外人"而言犹如烫手山芋而难以下手,那么,其中必有更深层的原因——存在某些难以言辞的问题,例如"近代的超克"可能就是其中最令人头痛的问题。因为,我们几乎可以说,整个日本近代思想史,既是一部作为近代史的"思想史",同时又是一部作为思想史的"近代超克史"。

1."近代超克论"的问题由来

"超克"一词虽用汉字书写,但却是地地道道的日语,很难确切地译成中文。它是一个复合词,含有双重涵义:超越与克服。因此我主张不译而照用,只需给出一个说明:在"近代的超克"之语境中,它的意思是指战胜并克服"近代"。当然,"近代"一词译自英文 modern,中文一般译作"现代",于是,日语"近代化"一律变成中文"现代化"。然而在日文的语境中,这两个语词的内涵是有微妙差异的,故我主张也可不译而照用。至于"近代的超克"中的近代,则是泛指 14 世纪文艺复兴时期发源于欧洲的近代化过程,若狭义地说,则是指 18 世纪欧洲工业革命和法国革命以后的那段近代历史。就日本而言,在史学意义上,"近代"相当于 1868 年明治维新至 1945 年日本宣告战败为止的一段历史阶段。然而若从思想文化上看,日本的"近代"不是一夜之间从天降临的,它与"前近代"或称"近世"(即江户时代,1603—1667)具有某种非连续性之连续的关系,因此"近代"的问题就不能与"前近代"完全切割,同样,"近代"以后的"现代"问题也并非与"近代"无关。而"近代的超克"在 1950 年代曾一度被作为反思和批判的对象而受到关注(尽管随后很快就冷却下来),例如 1950 年代末竹内好(1908—1977)提出了这样的命题:1940 年代的"近代超克论"在历史上虽然已经过去,但是在当今人们的思想上是否已经消失,却是大可质疑的。①

---

① 竹内好:《近代の超克》,原载《近代日本思想史讲座》第 7 卷,东京:筑摩书房,1959 年,参见竹内好编:《近代の超克》卷首所收松本健一《解题》,东京:富山房,1979 年"富山房百科文库",第Ⅶ页。须指出,竹内好对 1941 年底"近代的超克"这场"思想性错误"的发生以及对"大东亚战争"(战后改称为"太平洋战争")的反省不完全是针对他人的,更是直接针对他自身,特别是对自己写于 1942 年 1 月的《大東亞戰争と吾等の決意》一文有深刻反省,其反省的结果是,对帝国主义即西欧近代的否定之力量既不来自欧洲也不来自日本,而是必(转下页注)

四 "近代超克论"与"道德生命力"

其实,"近代的超克"其意甚明确,盖谓日本应当超越西方的近代、克服西方近代之弊端,从而打造一个"新日本",进而重构"亚洲新秩序"。这是对"近代超克论"的一般解读,虽大致无误,但从当时社会背景看,问题显然并不这么简单。在"超克"近代的诉求背后,存在着各种沉重的社会问题,20世纪初日本"近代化"正步入高速发展,特别是在"日俄战争"(1905)以及大正四、五年(1915、1916)第一次世界大战期间,人们显得亢奋而又焦虑,各种问题喷发而出,在一切倒向西风的影响下,伴随而来的是"传统的丧失"、"主体性失落"以及心灵深处的"家园丧失感"。在近代化启动伊始,人们梦想着来自大洋彼岸的文明开化会带来一种"理想家园",然而梦想似乎与现实之间正在撕裂,随之产生的问题是:"国家主体性"、"文化优越性"乃至"民族自尊心"等如何从迷茫中重新拾起。正是在此背景下,国家主义、民族主义的保守思想逐渐上升为帝国日本的主旋律。不过另一方面,自由主义、民主主义也在信仰危机中乘势而发,可见近代日本各种"主义"泛滥杂陈,而且左右两翼往往缠绕不清,此且

(接上页注)然来自"亚洲",由此他得出了"作为方法的亚洲"(1961)这一命题(参见同上书,第ix页)。按,竹内好《近代の超克》中译本见竹内好著、孙歌编:《近代的超克》,北京:三联书店,2005年,第292—357页。另按,其他代表性论著有:广松涉:《"近代の超克"論——昭和思想史への一視角》,《広松涉著作集》第14卷所收,东京:岩波书店,1997年,按,原载杂志《流動》1974年12月至1975年9月;子安宣邦:《"近代の超克"とは何か》(《何谓"近代的超克"》),东京:青土社,2008年。

不论。

从上述讨论看,例如从"日本道德论"到"国民道德论",通过对儒教以及西学实施"日本化"、"内在化",①从而重新发现"日本精神"、"日本道德"乃至"东洋伦理"等等,表面看来,"日本道德"如何建构似乎是一个学术理论问题,然而若从其深层的社会背景看,其实不过是"近代化"与"日本化"或者"国家主义"与"自由主义"等各种势力彼此盘根错节、不断碰撞,正是在各种思想意识的冲突过程中,"道德"问题就显得尤为突出。也就是说,在当时知识界正弥漫着这样一种观念风气:不是先解决社会问题,而是先解决道德问题,由道德问题之解决,才能进而解决一切社会问题。甚至,道德之问题已经不单纯是哲学的问题、伦理学的问题,而直接就是"道德"问题本身。用当时"近代超克"运动的参与者、京都学派哲学家高坂正显的话来说,就是所有问题都可归结为"道德之争"。②

至于"近代超克"何以可能的问题,这场运动的主旋律

---

① 以下我们将看到,在"近代超克论"运动中,京都学派西洋史学家铃木成高在《"近代の超克"觉书》中就明确指出"欧洲文明已经作为外来文明深深地内在化而成为我们自身的一部分",也正由此,"近代超克"并非仅仅指向"西方文明"而且也指向"我们自身中的近代"(原载《文学界》1942年10月号,第42页。转引自菅原润:《"近代の超克"再考》,京都:晃洋书房,2011年,第116页)。据此,所谓"近代"就有"两种近代",一是外在的西方近代,一是内在化的日本近代,且日本近代与欧洲近代"有异"(参见同上),故此就必然引出"超克"的课题。

② 藤田亲昌编:《世界史の立场と日本》,东京:中央公论社,1943年,第215页。

是：惟有使个人的道德组合成"道德团体",彻底发挥民族国家的"道德生命力"才有可能。从这个意义上看,在近代日本实施推动全盘西化之同时,另一股与之相反的势力也正迅猛发展,约自明治三十年以降,随着国民道德改造运动的开始,"近代超克"之历史进程就已经启动,从西村茂树"日本道德论"到西晋一郎"国民道德论",其间还有元田永孚的"国教主义"、井上哲次郎的"一体主义"等等各种光怪陆离的言论举动,都可视作"近代超克"历史进程中的一系列环节,而 1940 年代的"近代超克论"乃是一场总爆发。

须说明的是,"近代超克论"对日本学界中具有现代理性批判意识的学者来说,不啻是一种痛苦的记忆,大多以为不值一谈,特别是来自日本马克思主义阵营的批判尤为严厉。① 但就我们这些旁观者看来,将那些变得模糊不清的历史图像及其内含的问题重新揭示出来,对于我们深入了解日本的"近代化"以及"日本化"等问题是有帮助的。当然,关于"近代超克论"之问题的探讨可以有许多角度,就本文论旨而言,我们将主要关注其中突显出来的"道德之争"的问题。

---

① 例如柄谷行人就截然断定"近代超克论"无非是一种企图将侵略战争"正当化"的意识形态而已,参见柄谷行人:《戦後の思考》,东京:文艺春秋,1994 年,第 109—116 页。转引自上揭菅原润:《"近代の超克"再考》,第 196 页。

2. 两场座谈会:"超克"三大主义

从历史的角度看,"近代的超克"作为一场思想史事件,包含两场"座谈会"的讨论。留给后人深刻印象的是1942年7月杂志《文学界》以"近代の超克"为主题而召开的一场座谈会,其内容作为"特集"随后发表在《文学界》1943年9、10月号,参加者共13人,其中主要由京都学派哲学家、文学界及"日本浪漫派"等领域的学者所构成。在座谈会之前,先由各位提交论文,然后分两天(7月23日和24日)举行座谈会。很显然,这场会议的背景主要有二,第一即1941年12月8日,日本偷袭珍珠港而随之爆发的"大东亚战争"(战后改称"太平洋战争"),意味着日本帝国开始与"英美帝国主义"发起正面挑战;第二也就是战争爆发之前,在思想文化领域已经开始了舆论战,为"超克"西欧的"知性"对东亚的侵蚀,建立以"日本精神"为主导的"新秩序"等思想口号,已成为当时"国民大部分的大合唱"。① 这场讨论尽管最终并没有达成有关"近代超克"问题的一致意见,但是其主题鲜明、影响广泛。要之,随着"大东亚战争"的爆发,不但为最终打倒西方帝国主义带来了一丝曙光,而且为解决人们的"精神

---

① 河上彻太郎:《"近代の超克"结語》,竹内好编:《近代の超克》,第167页。

危机"也带来了重要契机,作为知识人更应自觉的是,战场已经转移到了人心内部,因而必然引爆"思想战",而此所谓"思想战",归根结底,即表现为"日本精神"与"外来思想"的"交战"。① 而正是迫在眉睫的这一现实问题,大致是与会者们的共同问题意识。

京都学派哲学家西谷启治为这场会议提交的论文题目是《"近代的超克"私论》,直奔主题,该文一如京都学派的通病一样,有点晦涩难懂,但其观点十分明确,他强调"日本精神"自圣德太子以来便已有充分的自觉,而日本最高神"天照大神"的"正直"、"清明心"便是"日本精神"的真实体现,这些论调显然在我们所考察的"国民道德论"中可以经常看到,并不新鲜。然而在其论文的第5节至最后第6节开始突然大量出现一个关键词"道德生命力"(日语为"道德的エネルギー"。或可译作"道德力量"、"道德能量",详下),非常值得关注。他认为要完成"建设世界新秩序"、"建设大东亚"之课题,"目前最为需要的是国家总体力量的集中,特别是需要有强烈的道德能量"。② 那么,何谓"道德能量"呢?西谷又为何如此强调"道德能量"之重要呢? 这与我们接下来将要探讨的"近代超克"运动中另一场座谈会有关,而这

---

① 龟井胜一郎:《現代精神に関する覚書》,竹内好编:《近代の超克》,第4—5页。
② 西谷启治:《"近代の超克"私論》,竹内好编:《近代の超克》,第29、32—34页。按,"道德能量"一词,以下统一为"道德生命力",其理由详见后述。

才是我们将要花费一些时间来集中考察的问题。

事实上,在"近代的超克"这场座谈会之前,另有一场座谈会,在时间上,这场称为"世界史的立场与日本"的座谈会要早于"近代的超克"座谈会,甚至早于太平洋战争爆发,即在其13天之前的1941年11月26日,座谈内容发表在《中央公论》1942年新年号。接着在第二年又连续召开了两次,分别题为"东亚共荣圈的伦理性与历史性"、"总力战的哲学",其内容分别刊载在《中央公论》1942年4月号及1943年1月号,很快就在1943年3月,由中央公论社将这三场座谈会的内容合编成了《世界史的立场与日本》一书公开出版。① 座谈会参加者是京都学派四位年轻哲学家、历史学家高阪正显(1900—1969)、西谷启治(1900—1990)、高山岩男(1905—1993)、铃木成高(1907—1988)。须指出的是,《文学界》和《中央公论》分别主持的这两场座谈会虽然取题不同,但两者的主旨却高度一致,即都与"近

---

① 参见藤田亲昌编:《世界史的立場と日本》,东京:中央公论社,1943年。初版1万5千部,同年8月再版1万部。被竹内好称为"臭名昭著"(竹内好:《近代的超克》,载上揭竹内好编:《近代の超克》,第275页)的这场座谈会比上述"近代的超克"座谈会所产生的影响更为广泛,甚至波及"满洲国",例如杂志《芸文》1942年12月号所载迟镜诚的文章《十二月八日の伦理》及其1943年5月号所载座谈会"满洲国思想战"等文章,都可频繁看到一个关键词"道德生命力",以为推动世界史发展的"道德生命力"同样可以用来重建"满洲国",参见铃木贞美:《"近代の超克"思想と"大東亞共栄圈"構想をめぐって》,载酒井直树、矶前顺一编:《"近代の超克"と京都学派:近代性・帝国・普遍性》,东京:以文社,2010年,第197—198页,特别是第186、207页注7。

代超克"问题有关,在此意义上,不妨将这两场座谈会看作是"近代超克论"的思想史事件,况且西谷启治与铃木成高也都参与了"近代的超克"座谈会,①而西谷及铃木将他们在《世界史的立场与日本》会议上有关"道德生命力"这一观念转达到了"近代的超克"会议上,并竭力强调源自德国史学家兰克史学的重要概念"道德生命力"(详见后述)就存在于当今日本。

诚然,"近代超克论"究为何指,当时这两场会议并未达成最终一致的结论,但是铃木成高对"近代超克"有一基本定义值得重视:所谓"超克"就是指"在政治上超克民主主义,在经济上超克资本主义,在思想上超克自由主义。"②因此,"近代"的实质就是三大主义:民主主义、资本主义、自由主义,都是日本应当"超克"的对象。可以断言,上述"超克"三大主义,便是"近代超克论"的思想总纲领,指的是"超克"运动的对象及目标。

---

① 四人京都学派中唯一的西洋史学家铃木成高在参与"近代的超克"会议之际提交了论文《"近代の超克"觉书》,后刊载在《文学界》1942年10月号,但是单行本《近代の超克》于1943年结集出版时,铃木的文章却被删除,亦未载竹内好编《近代の超克》一书。有研究表明,其实是铃木自己主动撤下其文,原因在于铃木的观点受到"近代的超克"会议参与者的冷遇(参见上揭菅原润:《"近代の超克"再考》,第3—4页)。可见,所谓"近代超克"运动并非铁板一块,不过铃木在"世界史的立场与日本"会议上却是一位实际的"指导者"(参见同上书,第115页)。

② 铃木成高:《"近代の超克"觉书》,载《文学界》1942年10月号,第42页。转引自上揭菅原润:《"近代の超克"再考》,第116页。

3. "近代超克"的理念:"道德生命力"

但是为了实现上述"近代超克"的总纲领,还必须要有实践理念才行。答案就是上面提到的出自德国兰克史学的"道德生命力"这一概念。此概念不仅构成了"世界史的立场与日本"三场座谈会的主题,而且扩散到"近代的超克"座谈会。可以毫不夸张地说,在那些"近代超克论"者(主要指京都学派)看来,"道德生命力"是决定一个国家和民族之存亡的关键,既是整个世界历史前进的原动力,也是判断历史上"胜者为王败者为寇"之现象的依据,更是"日本大帝国"与英美帝国"一决胜负"之际的决定性因素。因此可以说,"道德生命力"已经由原初的史学概念被上升为"近代超克"的行动理念,而这一上升过程也正是日本化的一个成功案例。①

---

① 顺便指出,在当时与会的京都学派四人当中,其实只有铃木成高是兰克史学的专家,1939年他出版了专著《ランケと世界史学》(《兰克与世界史学》,东京:弘文堂),1941年翻译出版了兰克的《世界史概观》(与相原信作合译。东京:岩波书店)。在1940年代,兰克史学在日本迎来一个小高潮,其著的日译本纷纷出版,例如《强国論》(相原信作译,1940年)、《政治問答》(相原信作译,1941年)、《ランケ選集》(林健太郎等译,1942年—1943年),这股"兰克热"与"近代超克论"的两场座谈会在时间上正相重叠。另有研究表明,兰克史学以及另一位德国史学家、竭力提倡"国家理性"论的弗里德里希·迈内克(Friedrich Meinecke,1862—1954)之所以受到追捧,与京都哲学派的始祖西田几多郎(1870—1945)、田边元(1885—1962)对此两人的高度评价(转下页注)

那么,何谓"道德生命力"?其德语原文是:Moralische Energie,译成中文,应当是"道德力量"或"道德能量"。这是19世纪德国历史学家兰克(Leopold von Ranke,1795—1886)提出的用以考察世界史问题的一个核心概念,他认为伦理并不以个人及人种的生理学为基础,而必须以政治、文化之力量的集中为基础。① 然而在京都学派(概指与会者四人)的座谈会上,这一概念被翻译成"道义生命力"(日语原文"道义的生命力"②)或"道德能量"(日语原文"道德的エネルギー","エネルギー"即德语"Energie"的音译③),本文则一概

(接上页注)有密切关联,受此影响,故兰克史学的推崇者大多出自京都哲学派而非史学派。据铃木所言,他特别欣赏兰克的这些观点:"历史不但是被创造的世界,同时也是创造性的世界。……兰克喜欢使用的'根源的精髓'(ursprünglicher Genius)、'道德的活力'(moralische Energie)……等言说,意味着其所思考的历史世界,常常是自由的世界、创造的世界。"〔铃木成高:《ランケと世界史学》,东京:弘文堂,1939年,第48—49页;转引自植村和秀:《"日本"への問いをめぐる鬪争——京都学派と原理日本社》(《围绕追问"日本"的斗争——京都学派与日本原理社》),东京:柏书房,2007年,第72页〕按,其中"moralische Energie"一语,铃木在这里译作"道德的活力"。

① 参见 *Geschichte der romanischen und germanischen Völker von 1494 bis 1514*.转引自 James W. Heisig:《西谷啟治と近代の超克(1940—1945年)》,载酒井直树、矶前顺一编:《"近代の超克"と京都学派:近代性・帝国・普遍性》,第120页注3。

② 这在《世界史的立場と日本》一书中俯拾皆是。首次出现则是在第一场座谈会,突然由高山岩男说出,他在分析二战初期法国何以速败的原因问题时,指出:若以兰克史学术语来表述的话,这是由于法国"モラリッシェ・エネルギー(引者按,即 Moralische Energie 的日语音译),道义的生命力之缺乏"的缘故(参见上揭《世界史的立場と日本》,第101页)。

③ 参见西谷启治:《"近代の超克"私論》,竹内好编:《近代の超克》,第32页等。

译作"道德生命力"。根据京都学派的解读,"道德生命力"乃是历史的推动力、民族的生命力,而且是"建设大东亚之活动的原动力"。①

须说明,我对兰克史学素无研究,根据兰克《历史上的各个时代》卷首所附《编者导言》的介绍,使我们大致了解到兰克史学的基本立场是:历史学家"只是要表明,过去究竟是怎样的"。根据此一立场,兰克强调史学是一门保持"客观性"(Objektivität)的科学,故他十分注重史料。而在后人的印象中,兰克史学甚至有史料堆砌学的"恶评",并遭到了德国另一位史学家、黑格尔的学生德罗伊森(1808—1884)的嘲讽,他在《历史知识理论》(1857/1858)一书中就质疑,过去发生的事情是不可能再现的。他的史学观点与兰克正相反,他认为历史学家有义务对原始材料进行解释并说明这种解释的涵义之所在,如此才能使读者获悉事物的全貌。② 显然,与兰克史学处在对立面的德罗伊森更强调对历史的"诠释"而非纯客观的"再现"。两种观点孰是孰非,非本文所能衡断。引起笔者兴趣的是,最近通过上面提到的王汎森的文章,了解到德罗伊森有一个"道德团体"(Sittliche Mächte)的概念,而且在其史学思想

---

① 参见西谷启治:《"近代の超克"私論》,竹内好编:《近代の超克》,第32页。
② 利奥波特·冯·兰克著、杨培英译:《历史上的各个时代》卷首耶尔恩·吕森、斯特凡·约尔丹《编者导言》,北京:北京大学出版社,2010年,第9页。

中具有核心地位。① 德罗伊森通过对希腊的研究,强调希腊城邦最能体现"道德团体"的精神,他甚至断言"历史即是道德活动现象界",并指出:"在道德生活的团体中,我们可以察觉到历史发展的延续性,及历史的前展。"②于是,"道德团体"成了历史前进的动力。

有趣的是,这一观念很快传到日本,早在19世纪末,即以《伦理的帝国主义》(1909)而闻名的浮田和民(1860—1946)在其《史学通论》第8章介绍了德罗伊森(原作"特罗生")的"道德团体"说:"人类云,以道德之联合而达其品格者也。""今夫人间之社会,伦理的社会也。组织社会种种之团体,即道德的团体,而有道德上之目的者也。……社会之目的既在道德,则历史之目的亦不在于道德范围之外。"③这是 Sittliche Mächte 一词首见于汉字的译语。引人注目的是,

---

① 根据王汎森的解读,他认为这里的"道德"一词,严格来说,应译作"伦理",因此,Sittliche Mächte,其实应意译为"伦理力量"。据其介绍,此概念其实是德罗伊森史学理论的核心概念,而且有可能来自黑格尔《精神现象学》第6章唯一一次将"Sittliche"(伦理)与"Mächte"(团体)连用,提到"道德力量"(Sittliche Mächte)之概念,但这不是黑格尔的核心观念。参见上揭王汎森:《执拗的低音:一些历史思考方式的反思》,第136—138页。

② 同上书,第139—140页。另可参见德罗伊森著、胡昌智译:《历史知识理论》,北京:北京大学出版社,2006年,第8、12页。

③ 浮田和民讲述、邬国义编校:《史学通论合刊四种》,上海:华东师范大学出版社,2007年,第103、113页。按,根据编者邬国义的考证,浮田和民该书的出版年已不可确考,据推断约撰于1897年,出版于1899年,见该书卷首所附邬国义:《梁启超新史学思想探源——代序言》,第3页。按,浮田此书的中译本出现于1903年,此后陆续出版的译本有五六种之多,其受欢迎之程度可以想见。

"道德团体"经过一番"观念的旅行"来到中国,影响到王国维以及梁启超,个中详情,这里也就不再细述了。① 至于浮田和民译出"道德团体"之后,对当时日本学界产生过何种程度的影响,目前囿于笔者之能力,暂无确考。② 至少就京

---

① 参见上揭王汎森:《执拗的低音:一些历史思考方式的反思》,第133—145页。按,王汎森指出,即便在20世纪初的中国,尽管引进了这一概念,但似乎并无迹象表明受到热烈欢迎,梁启超竟然对其完全无视,这是因为在近代的史学里面,"道德团体"是一个"低音",不为人们所欢迎(同上书,第144页)。诚为卓见。不过其云"道德团体"是一"过时的观念"(同上),也许只能限定在中国而言。若就比较的视野看,"道德团体"说所强调的国家和社会的道德力量之理念,却正是彼地日本大行其道之时。而在中国,梁启超为代表的新派学者(包括后来的胡适)正在提倡"道德革命",如其《新民说》(撰于1902—1905)明确宣布:儒家经典"四书""五经"已经不可适用于今日之中国,以为一切都要以西方为标准才能建立"新道德"。反观维新后之日本,在向西方看齐的同时,"日本道德"、"国民道德"乃至引进西方的"道德团体"、"道德力量"等等观念此起彼伏、变幻莫测,值得吾人深思。

② 按,浮田和民为留美派,这在1880年代左右日本的社会设置(包括大学机构)开始向德国转的背景下,英美派不算主流,不过浮田是早稻田大学的创始者之一,其在教育界的地位及影响力不可小视。只是京都学派几乎是清一色的留德派,而且以此为自豪,对于浮田之类的译著,可能并不放在他们的眼里。而目前有关浮田的专论甚少,笔者所见的姜克实的论著《浮田和民の思想史的研究——倫理的帝国主義の形成》(东京:不二出版,2003年)是近年来的唯一一部专论,其重点在讨论浮田的《伦理的帝国主义》,几乎未提浮田的史学论著,更未言及"道德团体"说。另按,笔者尚未能深入浮田和民的思想内部,故对其伦理帝国的构想还没有理清头绪,他作为基督教徒及"东西文明融合论"者,虽也关注道德的重建,但似乎与井上哲次郎之流的国民道德论不属于同一条战线,他毋宁是反对"儒教复兴"的,认为儒教伦理其实"不过是封建时代的遗德",而且隐然反对以"教育敕语"来统合国民道德,认为"以国家之命令,难以成为善恶之标准、道德之基本"(《儒教の復興を論ず》,原载《中央公論》1908年11月号,第38页),以上参见上揭姜克实书,第522—525页。

都学派参与的两场座谈会的记录来看,德罗伊森的"道德团体"说并不见踪影,相反,兰克的"道德生命力"一语却大行其道。

但是,"道德生命力"之概念在兰克史学中的原意究竟如何暂且不论,就京都学派对此概念的理解来看,已被完全"日本化"了——可谓是"西学日本化"的又一典型案例,亦即成了"近代超克论"的一种理念。他们的解读更注重将"道德生命力"与国家、民族联系起来,在此意义上,又与"道德团体"说有几分相似之处。例如西谷启治直谓:"所谓国家,可以说就是意味着民族自身的道义力量的发现。"而且他的表述既有学理性又极具煽动力,例如以下两段话正是如此:

> 为何说现在日本位居指导的地位呢? 那是因为日本将自身的道义力量向大东亚圈的各个民族进行传输,以便使他们从内部唤起它,给予他们以民族的自觉,或者说以使他们自觉到作为民族的主体性。[①]
>
> 所谓 Moralische Energie,一方面在国民各自的主体之中得以彻底发挥,另一方面向着世界新秩序这一世界性扩展开来,然后将两者结合起来,必将成为指导国家

---

① 以上转引自上揭 James W. Heisig 论文,载酒井直树、矶前顺一编:《"近代の超克"と京都学派:近代性・帝国・普遍性》,第97页。

的能量。①

后一段话尤为煽情。所谓"指导国家",当然是拥有"道德生命力"的日本。这是说,若能充分发挥国民之"道德生命力",并与建设新秩序的"世界性"之发展趋势结合起来,便能成就日本的"能量"。可见,道德生命力既与国民之个体有关,更与整个民族国家不可分割,因为道德生命力的有无强弱才是民族国家之命运的决定性因素。要之,道德生命力是推动世界历史、改变世界历史的动力源泉,当然也就决定了包括一国之国民及其国家的命运。例如我们再随便摘取几段原话:

> 任何时候推动世界史的是道义生命力。②(高山岩男)
>
> 要而言之,国家灭亡的究极原因,在于健全的、新鲜的伦理感、道义的生命力之丧失。(高山岩男)
>
> Moralische Energie 的主体,我认为是国民。所谓民

---

① 转引自子安宣邦:《"近代の超克"とは何か》4"'世界史の哲学'の時——座談会'世界史の立場と日本'",东京:青土社,2008年,第77页。

② 按,以下翻译原文,尽量使用发言者的日语汉字翻译"道义生命力",因为在他们的这个译语中,显然包含着他们的一种特殊理解。而在他们使用日语片假名"モラリッシェ・エネルギー"来表达的场合,就直接还原成德语 Moralische Energie。

族,那是19世纪的文化史之概念,过去的历史且不论,"民族"在今天不具有世界史的力量。在真正意义上,"国民"是解决一切问题的关键。Moralische Energie 不是个人伦理,也不是人格伦理,更与血的纯洁无关。集中于作为文化的、政治的"国民",才是构成今天的 Moralische Energie 之核心。(高山岩男)

说到 Moralische Energie,除了有民族的 Moralische Energie 以外,还有战争的 Moralische Energie,这是我通过当今的大东亚战争首次获得的体验。具备 Moralische Energie 的战争,才是真正意义上的世界史的战争。(铃木成高)

日本现在正担负着大东亚的指导作用,而这之所以可能,正如刚才所说,在日本,有 Moralische Energie 的存在,我认为这是根本之原因。……在拥有特殊性国体的日本之国家全体当中,特别强力生存着的,那就是 Moralische Energie 的源泉。……例如明治维新的大政奉还这一在外国未有先例的事件,正是家之精神的显著体现,与此同时,从其鲜明的变革当中,正可看出日本民族的 Moralische Energie 的显现。(西谷启治)①

---

① 以上分别见《世界史の立場と日本》,第 101、105、107—108、214、237—238 页。

至此，所谓 Moralische Energie——道德生命力的实质内涵已经表露无遗。而由以上这些表述所带来的震撼性，可以令人充分感受到"道德生命力"之观念应当就是京都学派座谈会的一个最核心的观念。对于这一点，至少京都学派的四位亲历者是有充分自觉的。为说明这一点，我们不妨再来引用两条当时的实录。

根据京都学派四人共同签署的为《世界史的立场与日本》一书所写的《序》，其中提到那场座谈会的内容在《中央公论》上发表后引起了社会上的一些关注，而所谓"关注"，系指"特别是道义的生命力及其与大东亚共荣圈如何实现的策略相关的问题"。① 此外，高坂正显在第二场座谈会的开场白当中，一上来就首先提到第一场座谈会结束后，他从友人那里得到一个反馈意见："在座谈会上，各位提出兰克的 Moralische Energie（道义的生命力），实在很有意思。但是我想了解的是如何才能培养 Moralische Energie，又应添加一些什么内容进去？"②这充分反映出那场座谈会的谈话真正吸引人眼球的其实便是"道德生命力"。事实上，这也正是他们对当时日本及世界时局的核心关怀之所在，摆在他们面前的有三大迫切问题：重振日本、打败英美、解放亚洲。而在他们看来，完全可以用"道德生命力"将这三大问题统统解决。

---

① 以上分别见《世界史の立場と日本》，第2页。
② 同上书，第135页。

4. 小结：以"特殊性"战胜"普遍性"

最后须指出的是，由以上略显冗长的讨论来看，似乎与"国民道德论"的问题毫无干涉。的确，表面看"近代超克论"者更关心的是如何祛除西方化的魔咒，他们在竭力"反西化"、"反近代化"，甚至反西化的"普世价值论"，然而实质上，他们的目标却在于：如何将西方价值"日本化"、"亚洲化"，如何将西方提出的具有世界史意义的"道德生命力"转化为全民一体的"道德生命力"。令人吊诡的是，他们在理论上竭力反西方的普遍性，然而却又主张以帝国主义的方式来推动普遍性的"道德生命力"，因而事实上就在复制其对立面的"近代性"、"普遍性"，事实上，座谈会讨论的一个主体——即如何通过建构"世界史的哲学"以及"世界史学"以重建"新的普遍性"，正表明他们拥有自觉的普遍性意识，铃木成高称之为"世界史意识"或"实践性意识"。①

然而须指出的是，在京都学派座谈会还频繁出现"日本特殊论"，再三强调与西方普遍性的不同，其意图在于通过将自身特殊化以获取"自我正当化"，而这也应当是"近代超克论"中的一个重要观点。如铃木成高指出："……我们不是单单为了维护权利而经营满洲、创立满洲国的，而是出于日

---

① 上揭《世界史的立场と日本》，第140—141页。

本的特殊性。正如矢野仁一先生①所言,其特殊性之主张是非常重要的。对于在东亚的日本特殊性之地位,欧美人不理解,他们只是以抽象的机会均等之理念来强加于人。"②可见,日本特殊性是作为一种侵略理论而提出来的,因日本地位的特殊性,故其拥有"特殊的使命"。③ 按照这种特殊的逻辑,放大到"民族"问题领域,就会得出"日本人化"的结论,正如西谷启治所说:"将大东亚共荣圈内的各民族日本人化,即通过教育以实现日本人化,我认为这不是空想。"④要之,他们相信以日本"特殊性"可以战胜西方"普遍性",而为达此目标,首先有必要将东亚共荣圈全部"日本人化"。

当然,正如上面已经提示过的,所谓"近代超克论"者,他们也并非铁板一块,彼此之间的观点也存在微妙差异。⑤只是就京都学派的座谈会来看,尽管他们的观点表述带有不少德国味还有一些酸腐的学究气,与"国民道德论者"的东洋风格有些不同,但是他们都高举"道德"的旗帜,相信道德力量可以解决一切问题。就此而言,又与"国民道德论"存

---

① 按,矢野仁一(1872—1970)为日本著名东洋史学家、满蒙史专家,京都大学教授,约在1921年提出著名的"中国非国论"、"中国无国境论",但其所谓"日本特殊论",笔者无考。
② 上揭《世界史的立场と日本》,第177页。
③ 按,西谷启治语。参见同上书,第205页。
④ 上揭《世界史的立场と日本》,第337页。按,关于"日本特殊论"问题,另请参看上揭拙文《"东亚儒学"刍议》第4节"儒学日本化与日本特殊论",第379—389页。
⑤ 上揭菅原润《"近代の超克"再考》就对京都学派四人之间的观点异同进行了仔细的分疏,可以参看。

在明显的"历史共同性"。正是在此意义上,我以为"近代超克论"与明治晚期的"国民道德论"之间存在某种连续性,其核心关怀便在于如何解决"道德之争"这一时代课题。

五　丸山真男有关"日本性"问题的思考

正当"国民道德论"、"近代超克论"在世间喧嚣之际,丸山真男(1914—1996)正在思考他自己的问题,并着手创作系列论文,即构成后世誉为具有"里程碑"意义的名著《日本政治思想史研究》中的三篇论文(书中以三章形式出现),其中第一篇论文在 1940 年发表时,丸山还只是一位 26 岁的青年。此后,丸山在日本思想史领域不断深入开拓,作出了极其丰富的具有原创性的研究成就,因此对于想要涉足日本思想史研究的学者而言,丸山几乎就是一座无法绕过的"高峰"。

那么,丸山的"日本研究"是在怎样一种思想状态下进行的? 其研究又有哪些重要成就可以提供今人借鉴或省察? 以下我们将丸山"日本研究"放入当时的时代背景中进行考察。但须说明的是,由于丸山思想及其日本研究的内容规模过于庞大,本文不可能对此展开全盘探讨。我们所关心的核心问题主要有两点:一、通过了解"近代"问题在丸山思想的内部所留下的轨迹,以便探讨丸山"日本研究"的特色及其问题所在;二、丸山晚年为探索日本文化传统中所存在的"日本性"(日语"日本的なもの")问题而提出了"原型"论或"古层"论(亦可缩写为"原型—古层"论),关于这一理论的特色及其所存在的问题,将是我们的考察重点。

1. "近代"是丸山的一种宿命

据丸山晚年的回忆,1940年代他对日本政治思想史研究之所以倾注了极大的热诚,其实有一个隐藏在内心深处的原因,就是为了响应当时席卷知识界的"近代超克论",而对于当时的"国民道德论"及其相关的"日本精神论"则有一种"近乎生理上的厌恶感"。① 从学术的角度看,丸山的"心结"其实就是"近代"的问题,这不仅因为该词在日本有"特殊的意味",与来自"盎克鲁撒克逊世界的学者之间存在理解上的差异",而且"近代"问题又是当时难以回避的时代问题,例如围绕"近代超克论"而发生的一系列争论。那么,历来被视作"近代主义者"的丸山在这股"近代超克论"的漩涡

---

① 上揭丸山真男:《英語版への著者の序文》,《日本政治思想史研究》,第391页。

中,又持有何种立场和观点?

的确,"近代"对丸山而言,就是一种宿命,在其一生的思想研究生涯中,落下了无法抹去的印迹。他坦言在"近代超克论"的那个年代,在世界范围内,以英美法等"先进国"为代表的"近代"及其"世界规模的优越性"正在土崩瓦解,人们处在新文化"取而代之的转折点上",这就是"超克论"者的共同展望,"而他们的有些见解在当时我的眼里,含有我所认同的观点"。然而,1940年代以降的时代风气已变得十分险恶,打倒自由主义、日德意联起手来建设"世界新秩序"乃是知识人的使命等等口号变成了一种集体"合唱",主张日本国内意识形态的"齐一化"的要求也不绝于耳,而这种"全体主义思潮"成为背后支撑"近代超克论"的一股力量。不待说,对于上述这类现象,丸山内心毋宁是十分警觉的。①

然而回到学术上看,根据丸山的观察,在历史学领域(包含思想史),"近代超克"这场知识对决是围绕着两个彼此相关的问题而发生的,第一,超克论者的预设是:"明治以后的日本已经充分近代化,由于过度吸收西欧近代的文化及其制度,由此形成的毒素随之喷发而出,这才是现代日本最大的症结";第二,另有一种保守派观点则认为:"在被'近代'污染以前的日本,将古代信仰与包括儒教在内的来自亚洲大陆

---

① 上揭丸山真男:《英語版への著者の序文》,《日本政治思想史研究》,第396—397页。

的'东洋精神'浑然融合而形成了美好的传统,这一传统在文化、社会、政治等各个领域虽历经风霜,但仍然得以保存至今。因此,现在我们就必须从'近代'那里清洗干净我们祖先的优良传统,这才是日本对于建设'世界新秩序'的贡献。"① 质言之,前者属于激进主义,后者属于保守主义(丸山称为"传统主义者");前者的立场是,近代化已经全面暴露出问题,所以应当全面超克;后者的立场是,文化传统仍在,我们所需做的工作只是回归传统。不过,两者显然有共同目标:即主张对近代的"超克"。

在激进与保守之外,丸山企图找到"第三条道路",以回应"近代超克论",而他坦陈道这种"响应"其实已经超出"纯粹的学院研究"。根据他的看法,首先,在"现代日本"并不像"近代超克论者"所担忧的那样,已经完成了"近代化",事实上,当时日本所处的现实状态是:一方面已经具备制造世界上最大型战舰的科学技术,另一方面,这类技术又在为帝国政治、"国家神话"所服务,所以远远没有实现真正的"近代化";其次,丸山反对马克思主义的社会发展阶段论,以为自古至今的历史阶段例如封建到近代之间未必就可以划分得截然两清,两者之间应当亦有某种"非连续性的连续",例如即便在维新以前的近世,也不存在像"传统主义者"所美

---

① 上揭丸山真男:《英語版への著者の序文》,《日本政治思想史研究》,第397页。

化的那样,持续存在着与"近代"绝缘的、可以从历史变化中摆脱出来的所谓"东洋精神",反过来看,如果我们关注德川时代的思想"底流",那么或许会发现其中存在着走向近代的"可能性"。①

归结而言,丸山的史学思想之雏形已经形成,主要有两点:一是认为"现代日本"的近代化并没有真正实现,一是认为近代以前的近世日本已有"近代思维"的因素存在。因此,他的《日本政治思想史研究》的主要理论企图便在于揭示并论证上述两个观点。②

2. 早期丸山的"日本研究"

但是,丸山的这项"日本研究"也存在一些值得重新探讨的地方。归纳起来主要有两点:一是对江户儒学史的基

---

① 上揭丸山真男:《英語版への著者の序文》,《日本政治思想史研究》,第398页。

② 不过由于战争的因素,第三章只写到幕末时期,而原本计划讨论近代以降"国民主义理论的形成"的部分却最终未能完成,故留下了些许遗憾。这一遗憾得以"补偿",则可以战后的三篇论文作为标志:《近代日本思想史における国家理性の問題》(一),原载杂志《展望》1949年1月号;《開国》,原载《講座現代倫理》第11卷"転換期の倫理思想"(日本),1959年;《忠誠と反逆》,原载《近代日本思想史講座》第6卷"自我と環境",1960年。上述三篇论文后收入氏著:《忠誠と反逆》,东京:筑摩书房,1992年。只是在收入之际,安排顺序与发表年代顺序正好颠倒,这是考虑到论文讨论对象的时代性而作出的调整(参见《忠誠と反逆》"後記",东京:筑摩书房,1998年,第470页)。

本预设有误,例如丸山首先预设17世纪初以来朱子学已成为德川幕府体制意识形态,然后以17世纪末18世纪初徂徕学的出现为标志,朱子学思维模式开始发生崩塌,意味着"近代思维"的萌芽,这一趋势又因后来国学的出现而得以推进,其结论是日本近代思维方式可以从江户儒学(特别是徂徕学)那里找到其源头。换言之,丸山为我们提供了江户儒学史的一个样本(又称"丸山模式"):朱子学体制的确立——经古学、国学的批判解构——最终走上了近代化道路。而在此"模式"背后的理论企图是:近代的产生必然是对儒教的"超克"。于是,儒教与近代被置于水火不容的对立两极。一是与上述一点密切相关的是,在丸山的历史判断的背后显然存在一种理论标准——即"近代性"的理论模式。具体而言,即以西方近代主义为标准,以为由"自然"向"作为"的展开乃是走向近代的模式,丸山以此来解释江户思想史的发展过程,以为中国儒学经过"日本化"的一番激荡,朱子学的"自然"向徂徕学的"作为"发生倾斜,并导致儒学"日本化",标志着"近代思维"的产生。

所谓"自然",这是指在朱子学的天理自然观的笼罩之下,一切制度规范都是由某种超越性的"实在"来安排的,与此相反,"作为"则是指一切社会文化制度都是后天人为的理性结果,这就意味着人的主体性自觉意识的发生,因而具有超越中世而走向近代的"近代性"。与此同时,丸山还从徂徕学那里发现了公与私的分离以及政治与道德的分离之现象,而这类现象也正随着主体性"作为"意识的凸显而变得日益明显,并最终导致"近代思维"的产生。归结而言,自然与作为、政治与道德的两重分离,便是"近代思维"得以产生的两项重要指标。于是,经过丸山的解读,日本的"近代化"言说就这样被建构了起来。

须指出的是,正如丸山晚年经常提到的那样,他对"近代性"问题的思考受到了当时西欧思想的影响,特别是受到德国社会学家卡尔·曼海姆(Karl Mannheim,1893—1947)、马克斯·韦伯(Max Weber,1864—1920)以及弗兰茨·波克瑙(Franz Borkenau,1900—1957)的知识社会学及社会思想史的方法论影响。[1] 具体而言,1929 年曼海姆的《意识形态与乌托邦》(《イデオロギーとユートピア》)以及 1934 年波克瑙的《从封建世界到市民世界》(《封建的世界像から市民的世界像へ》)描绘了这样一幅欧洲近代思维的发生模式:从西欧封建社会转向市民社会之际所发生的"自然性秩序"向"主体性作为"的转型以及道德政治分离为标志的个人主体性的确立。重要的是,欧洲近代化这一模式也适用于其他地域社会,因而具有普遍性。丸山正是在此影响之下,力图从近世日本的"思维方式"演变过程中寻找日本的"近代性"因

---

[1] 参见丸山真男:《日本政治思想史研究》"后记",东京:东京大学出版会,1983 年,第 370—371 页。

素,以揭示"日本的近代思维的成熟过程",关于这一点,丸山真男在战后撰写的第一篇文章《近代的思维》(1945年12月)中明确表示,他的这一问题意识由来已久,并没有随着当时因日本战败而发生的社会巨变而有任何变化,而且首次大胆断言:"在我国,不要说近代思维的'超克',就连近代思维仍没有真正的获得。"①丸山这样断言的内在思路是:在曼海姆等人所构想的近代思维成长的模式中,"主体"不是指制作制度的"君主",而是指在社会契约论基础上的"众人",而徂徕学所设想的制作制度的"圣人"则是相当于"德川将军"的特定人物,及至明治维新以后,人们将"作为"者重新寄托在天皇制下的"明治国家"身上,因此在日本,"近代性"不但没有发展,反而遭到了严重挫折,这便是"近代性"在日本

---

① 以上参见《近代的思维》,载丸山真男:《戦中と戦後の間:1936—1957》,东京:みすず书房,1976年,第188—190页。另据丸山晚年回忆,他从曼海姆那里所受到的影响主要有两点:"思维方式"(Denkstil)和"视域构造"(Aspektstruktur)。他认为根据"视域构造"的转换,进而可以把握思维方式以及思想范畴的意义转换,而这正是"把握精神史特有的发展形态之关键"(参见丸山真男:《思想史の方法を摸索して——一つの回想》,载《丸山真男集》第10卷,东京:岩波书店,1997年,第325、333页)。由此,思想史研究就可摆脱上层建筑与下层建筑之间的"反映论"这一框架,从而使思想史与经济史、政治史等领域得以区别开来而构筑自己的"对象世界",并通过研究者的"视域构造"来重组"问题",使得思想史研究成为一种"问题史"(丸山真男语,见上揭《日本政治思想史研究》"后记",第368页)研究。从中可以看出,丸山对当时流行的马克思的经济决定论模式下的社会研究颇觉不满,而意图建构适用于分析德川思想史的研究方法论。对此,我们自应表示同情理解,而他的"问题史"研究方法亦很值得重视。另参安丸良夫:《丸山思想史学と思維樣式論》,载大隅和雄、平石直昭编:《思想史家丸山真男论》,东京:ぺりかん社,2002年,第191—204页。

"不得不经历的命运"。① 无疑地,丸山对日本"近代性"问题的探索及其反省是深刻的也是重要的,至今仍然值得重视。

当然要指出上述丸山早期"日本研究"的缺点是容易的,而且学界对此的讨论和批评已有很多,这里不必赘述。笔者所关心的还是本文的主题,即儒学"日本化"的问题在丸山那里究竟被如何表述的?

事实上,丸山的批评者多数停留在历史判断层面以及西方近代主义等问题上,以为江户儒学(如朱子学)是否构成体制性意识形态很值得怀疑,而西方近代性之本身更应是讨论之对象而非审视德川儒学的一项前提预设。② 诚然这些批评并非一味苛求。然而在我看来,尽管以西方"近代性"理论来审视日本近世儒学或有顾此失彼、偏离事实之忧,可

---

① 参见上揭《近代的思維》,载《戦中と戦後の間:1936—1957》,第190页。另参泽井启一:《丸山真男と近世/日本/思想史研究》,载大隅和雄、平石直昭编:《思想史家丸山真男論》,东京:ぺりかん社,2002年,第148—156页。按,泽井敏锐地指出:丸山"日本研究"所要解决的两大课题其实就是"近代化"和"日本化",一方面,他将"近代化"问题追溯至徂徕学,另一方面,他又将"日本化"问题追溯至暗斋学。只是在泽井看来,丸山的研究缺乏"东亚"视域,其结果就必然导致把德川儒学视作"闭止域"(意谓"封闭的静止的领域")。

② 请参看以下这些论著:尾藤正英:《日本封建思想史研究》(东京:青木书店,1961年);渡边浩:《近世日本社会と宋学》(东京:东京大学出版会,1985年初版,2010年增补版),《日本政治思想史:17—19世纪》(东京:东京大学出版会,2010年);子安宣邦:《事件としての徂徕学》(东京:青土社,1991年);黑住真:《近世日本社会と儒教》(东京:ぺりかん社,2003年),《複数性の日本儒教》(东京:ぺりかん社,2006年)。相关论文可参看平石直昭:《戦中、戦後徂徕論批判——初期丸山、吉川两学说の検討を中心に》,《社会科学研究》39卷1号,1987年。

是既然欧洲与中国一样同属外来文化而对外来文化大胆接纳小心改造早已构成日本传统,那么,对丸山而言,以西方理论来解释近世日本儒学岂不顺理成章。丸山自己亦曾坦言,1952年整理出版该著时,仍然相信自己并没有在方法论上或者具体分析方面存在"本质性的谬误",尽管当时的思考方向及问题意识与40年代相比已发生巨大差异,但这并不意味着自己的根本观点的"突然变异",对于学者来说,如果研究立场经常变来变去,丸山直言这是他所瞧不起的。①

即便就丸山晚年的研究论著看,60年代丸山在东京大学讲授"日本政治思想史"课程时,仍然表露出他坚持早期的一些重要观点而不放弃,例如他说:在江户时代,儒教在各个方面为人们提供了"世界像的认知范畴",在这个意义上,"即便说近世儒教是一种体制意识形态,亦未必有误。"又说:"随着幕府体制的崩坏,虽然作为各种德目,儒教思想在明治时代仍有延续,但是作为整体性的世界像,儒教不曾再次复活。这一事态反过来表明,旧体制的社会系统与儒教的思想系统之间存在着内在的对应关系。"②问题在于,如果视

---

① 《日本政治思想史研究》"後記",第367页。
② 《丸山真男講義錄》第7册《日本政治思想史1967》,东京:东京大学出版会,1998年,第183、184页。不过,从今天的立场看,上述这两个观点都是很有问题的。当然正如后述,他对自己的日本文化"特殊论"有深刻反省。按,《丸山真男講義錄》全7册,东京:东京大学出版会,1998年,其中除第3册《政治学》以外,其余6册均题《日本政治思想史》,时间跨度为1948年至1967年。

德川朝的朱子学为中国朱子学而非日本朱子学,那么其所认定的德川幕府教学体制意识形态又是朱子学,且其商标仍是中国,那么,受其教化者岂不个个成了"中华人"?显然这是不可接受的推论。究其原因,这与丸山过于强调"近代化"视角而缺乏"日本化"视角或有密切关联。

须指出,当1952年上述"日本研究"编辑成书出版之际,丸山对此仍无自觉,故该书《后记》并无一言提及于此,而在1974年他为英文版撰《序》时,始坦陈:"本书的致命缺陷在于这样一点:几乎完全没有将日本朱子学的、真正的日本之特性纳入思考的范围,尤其是认定江户时代前期的朱子学乃是'最为纯粹的、(来自中国的)直接进口的朱子学'。"①进而丸山反省道:山崎暗斋(1619—1682)及其崎门派朱子学尽管以"直系正统"自任,但不管他们的主观意图如何,吊诡的是,"这个学派以典型的形态表现出日本朱子学与中国朱子学之间所存在的乖离现象"。② 不过,他辩护道这涉及到"日中儒学比较"问题,而此问题原非"本书论旨"所在。

的确,对于"最为纯粹的"、"直接进口的"等措辞进行纠错并声明撤下是容易做到的,丸山反省其对"日中儒学比较"没有下工夫也是坦诚的。然而问题依然存在。设若承认

---

① 见上揭丸山真男:《英語版への著者の序文》,《日本政治思想史研究》(新装版),第402页。丸山提到的"最为纯粹的"那句表述,则见该书第31页注5。

② 同上书,第402页。

崎门派朱子学不是原产的中国朱子学,是已经具备"日本之特性"的日本朱子学,那么,这一变化得以可能的依据是什么?换言之,促使这一变化实现的"主体"又是谁?从结果论的角度看,无疑地,这一变化的结果便是"日本化",但是山崎暗斋及其门流们又是以何种高明的手段使其可能?答案只能是一个:亦即日本传统思想文化的资源利用才是崎门学改造朱子学得以成功的关键。据此,儒学"日本化"就不仅仅是"日中儒学比较问题",而更是关涉到如何重新发现日本文化传统的问题。因为"日本化"的"主体"无疑就是日本传统文化。那么,日本文化之"传统"究竟何在呢?

3. 晚期丸山的"原型—古层"论

熟悉丸山思想者,大多知道丸山"日本研究"有早晚期之分,不过也没有一个明确的年代界定,至多只是一种方便的设定。若从研究领域看,丸山的思想史研究主要涉足的是日本政治和日本文化这两大领域。前者可以1952年《日本政治思想史研究》和1957年《现代政治的思想与行动》的成果为代表,①两者成书虽然各在战前战后,但其问题意识有

---

① 《現代政治の思想と行動》,东京:未来社,1957年初版,1964年增补版(笔者手头所有的是1976年的增补版第76次印刷本)。按,该书第一篇文章《超国家主義の倫理と心理》(原载《世界》第5号,1946年),开始参与战后对"日本的天皇制国家构造的批判"(见该书末附"追记及补注",第495页)。

一定连贯性,属于近代化论谱系,其中含有对日本近代性问题、近代日本国家主义问题以及战后民主主义问题的批判性思考,奠定了丸山作为近代主义者和战后民族主义者的代表性地位;后者的代表性著作则始于1961年《日本的思想》,开始着手探讨日本文化的结构类型等问题,属于日本文化论谱系,当然上述两大论域或两种谱系是互为关联的。① 只是丸山下定决心挖地三尺也要找到日本文化"传统"的标志性论文则是已经从大学退休后的1972年发表的《历史意识的"古层"》。②

"古层"者,原是地质学的一个术语,这里喻指日本文化的最深层部分,换言之,即存在于最深层的日本思想文化之本质——例如思维方式、价值意识等,而在"古层"之上则堆积着佛教、儒教或者基督教、自由民主主义等各种"外来思想",只是其"底部"所在的"古层"则绵延不绝、生生不息。丸山常用的"底层"或"底流"亦同此意。只是由于"古层"论一出,人们纷纷议论丸山晚年发生了思想变节,试图"转回"

---

① 关于上述两种谱系的划分,参见葛西弘隆:《丸山真男の"日本"》,载酒井直树等编:《ナショナリティの脱構築》(《民族主义的解构》),东京:柏书房,1996年,第205页。

② 《歷史意識の"古層"》,载《日本の思想》第6卷《歷史思想集》别册,东京:筑摩书房,1972年。笔者所用的版本是上揭《忠誠と反逆》。按,丸山原计划由三部分构成:历史意识、政治意识、伦理意识。最终只完成了前两部分,即《歷史意識の"古層"》和《政治意識の執拗低音》(原为英文讲演稿,日译本见《丸山真男集》第12卷,东京:岩波书店,1997年)。

至战前"国民性论"或"日本精神论"的老路,据说甚至引发"恶评"。① 因此,丸山又在1981年撰述《原型·古层·执拗低音——有关日本思想史方法论的我的足迹》②不得不对此作出回应而将"古层"改成音乐术语"执拗低音",以加深对"古层—原型"论问题的讨论而非取而代之。

其实在1972年的《古层》论文中丸山已经提到"basso ostinato"这一术语,意即"执拗低音",只是未及对此展开讨论。据此可说,"古层"、"原型"、"执拗低音"三种说法用词虽异,然其本意则同(不过对中国学者而言,较有语言亲近感的是"原型"说)。它们的提出虽在70年代,但其实却是丸

---

① 根据丸山的回忆,"转回"等这类批评主要来自70年代"大学纷争"年代的新左翼派及传统马派。学术性的批判,则可参看《现代思想》第22卷第1号"特集:丸山真男"所收相关论文,1994年。黑住真为此打抱不平,他认为"原型"或"古层"说绝非意味着"转回",而是丸山"日本研究"一直潜存的问题意识之延伸而已,即在西洋/近代的思维构架中,探索"日本"的谜底——"日本性"问题,参见黑住真:《日本思想とその研究——中国認識をめぐって》(《日本思想及其研究——就中国认识而谈》,载上揭氏著:《複数性の日本思想》,第42页。

② 《原型·古層·執拗低音——日本思想史方法論についての私の步み》,按,该文原为参加1981年6月日本国际基督教大学召开的"日本文化原型(Archetypus)探讨"会议而作,后收入该会议论文集《日本文化のかくれた形》(《日本文化的隐形》),东京:岩波书店,1984年"岩波现代文库"。笔者所用的版本是2004年新装本。按,"古层"通常与"原型"被捆绑在一起,作"原型=古层"论,对此展开分析和批评的论文可参见水林彪:《原型(古層)論と古代政治思想論》(见大隅和雄、平石直昭编:《思想史家丸山真男論》,东京:ぺりかん社,2002年),末木文美士:《"原型=古層"から世界宗教へ——〈丸山真男講義録第四册〉を読む》(同上书)。另外,上揭安丸良夫的论文《丸山思想史学と思維樣式論》(同上书)从批评者的角度详细分析了丸山史学思想的轨迹,很有参考价值。

山"日本研究"的一贯问题意识——即探寻某种日本思想文化的"形式",只是与早期丸山在近代主义背景下注重探讨近代思维方式有所不同,五六十年代以后,丸山的工作重心转向了探索日本文化底层的"原型"。至少自63年起,丸山在东京大学讲授日本政治思想史时,就开始频繁讨论"日本思想的原型(prototype)",只是由于他当时没有接触荣格(1875—1961)的著作,故其不知"原型"其实与荣格分析心理学常用的德语 Archetyp 概念很接近,该概念主要用以分析集体无意识的力动作用。尽管这是一种巧合,但丸山表示他的问题意识来源于明治维新"开国"以降"文化接触"过程中对外来文化进行改造接受的方式问题,故而不得不在讲课时一上来就讨论日本文化的"原型"。①

在这项探索"原型"的长期工作中,丸山对早期的"日本研究"进行"修正"之同时,提出了一系列重要观点。特别是他反省在《日本政治思想史研究》中使用的"特殊性"概念突出了与"他者"的殊异性,含有文化上独一无二的意味,容易导致"日本特殊论"这一误解,并表示对此应"负有责任"。因而晚年他主张改用"个别性",因为任何文化形

---

① 参见上揭《原型·古層·執拗低音》,载《日本文化のかくれた形》,第139页。另可参见丸山真男撰于1978年的文章《思想史の方法を摸索して——一つの回想》,其中提到他自1959年起,就开始在每年的授课讲义的序论当中谈及"原型"问题,而明确使用"原型"概念,则是在1963年(《丸山真男集》第10卷,东京:岩波书店,1997年,第342—343页)。

态都有"个性"。他认为日本文化的"个别性"是就文化的整体构造着眼的,因此"个别性"不但不排斥"整体性",两者之间在根本上就是"矛盾统一"的。他打了一个比方,在这个世界上"丸山真男"只有一人,这是就丸山的整体性而言,若就身体部位看,那么与丸山的鼻子、体格乃至气质相似的大有人在,但作为完整人格的"丸山"在这世上只此一家别无分店。由此,这种"个别性"与"整体性"的相即性构成了"悖论式命题"——"个别即整体"。要之,个别是整体之个别,整体是具体之整体。意谓个别在整体中,整体不能脱离个别而存在,重要的是,"个别只有在全体构造中才能被说出来",若忽视文化结构而只讲个别,那么许多文化形态中的"个别"要素或许在世界其他文化形态中也能被发现。在这个意义上,丸山是结构论者,倾向于主张文化是由各种要素组成的结构形式。丸山强调如果把日本文化看作一整体构造,那么就可看到在日本文化中有"两种矛盾要素的统一","亦即外来文化的压倒性影响及其与所谓日本性东西的执拗残存——这一矛盾的统一"。① 但是这一"统一"的基础乃是"执拗残存"的原型要素,由此可见在其观念中不免有本质要素论的因素,而这种本质要素是可以通过"减去法"(详下)而获得的,这就容易偏向文化本质论。

---

① 以上参见上揭丸山真男:《原型・古層・執拗低音》,载《日本文化のかくれた形》,第125—129页。

总之，丸山有关个别与整体之关系的观点论述打破了以往"普遍对特殊"这一对立二元的思维方式，成为其史学方法论的重要内涵。

上面提到的所谓"外来文化的压倒性影响"，其影响源实际是指"大陆文化"，丸山断言从"记纪神话"、①"万叶文学"、《风土记》及《古语拾遗》等一批日本古代文献中可找到许多印证，当中"侵润"着大量儒佛及其他大陆文化的语言概念，这是无法否认的。可是另一方面，其中又有"日本性东西的执拗残存"——即"原型"，重要的是，原型不是作为一种 doctrine（教义）而存在的，即原型本身并不构成教义系统，若要抽取出这一原型，方法只能是"减去法"。即将儒教、佛教或者民主主义或基督教等外来教义及其世界观所内含的概念范畴通过一番过滤程序，由此才能反显出"原型"，除此之外，别无他法。例如神道史便是一个典型案例。最初，神道与佛教"习合"而产生"两部神道"，后又与儒教

---

① 系指成书于公元 8 世纪的《故事记》、《日本書記》，为日本最古老的历史文献，其中主要由三种要素构成：1. 天地开辟，2. 日本国土的规模，3. 天皇祖先神的确定。由此三者构成了日本神话的系统结构。如果仅从"说话与传承"的角度看，那么既有来自中国道教"蓬莱国"的影子，同时也与东南亚以及南太平洋各岛国的神话传说具有共通性，并不显示日本的殊异性，然而若放在日本神话系统中看，上述三种要素所构成的"日本神话的构造"便体现了日本文化的"个别性"。参见上揭丸山真男：《原型・古層・執拗低音》，载《日本文化のかくれた形》，第 125—128 页。按，关于"记纪神话"所涉及的天皇神话、国家神话等问题，神野志隆光《古事記と日本書紀——"天皇神話"の歴史》（东京：讲谈社，1999 年"讲谈社现代新书"）有精到的解说。

"习合"而产生吉田神道和吉川神道,因此神道若不借助其他文化的观念便无法形成"教义"体系,这是神道的"思想史宿命",只是作为神道史的"原型"主要由日本神话的要素所构成的。① 如果说作为日本文化之典型的神道教义有赖于其他文化,神道本身就不是日本文化原型,构成神道思想要素的"神话"才是终极意义上的日本文化"原型"。那么,这种"神话"要素(具体指"记纪神话")也同样具有消化、融解或改铸其他"外来文化"的魔力吗?于是,"日本化"的问题就出现了。

当然在丸山,"日本化"只是一个概念分析工具,并不具有像"原型"概念那样的方法论意义。在早期丸山的"日本研究"中未见出现,但至迟在50年代就见使用,②随着70年代"原型"概念的提出,丸山提高了"日本化"一词的使用概率,用来解释原型与外来文化的关系。他说:"原型自身绝不能构成教义。教义体系化必要借助外来的世界观。可是其片断式的想法(引者按,意指经'减去法'而获得的执拗残存的'原型')令人惊讶地保持着执拗的持续力,从而

---

① 参见上揭丸山真男:《原型·古層·執拗低音》,载《日本文化のかくれた形》,第141页。
② 参见丸山真男:《福沢·岡倉·內村》,载其著:《忠誠と反逆——転形期の日本精神史学の位相》,东京:筑摩书房,1998年"ちくま学芸文庫",第333页。60年代丸山的"日本政治思想史讲义"也不时使用"日本化",参见《丸山真男講義錄》第7册《日本政治思想史1967》,东京:东京大学出版会,1998年,第224、257页等。

将体系性的外来思想进行改造接受,此即所谓'日本化'的契机。"①要之,所谓"日本化"实即"改造接受"之过程,是日本文化"原型"与其他文化不断发生"杂糅"、"修正"之过程。换言之,日本化之主体是"原型",是在日本文化之原型的基础上,才有"日本化"之可能。若此,则日本化是否便意味着向日本文化的"同化"?丸山一再提醒我们注意"'日本化'并不意味'日本主义化'"。② 但他也注意到江户中期18世纪初上演的国学运动这出"悲喜剧",意将外来思想从日本文化中"剥离"出去,便有可能导致"泛日本主义",若将这种论调推至极致,便可推出世界文化都源自日本的荒唐结论。③

由上可见,"日本化"是一种"文化接触"的过程,其前提是"古层—原型","日本化"必是在"原型"的基础上,对外来文化实施改造、修正和接受的必然结果。而"儒教'日本化'过程中的实际状态"也正表明日本文化"原型"与儒教思想

---

① 上揭丸山真男:《原型・古層・執拗低音》,见《日本文化のかくれた形》,第143页。按,这段日语原文中有"变容"一词,这里意译成"改造接受","变容"原意是指对某种事物经改变之后容纳接受,很难用中文的一个词语来确切地翻译。

② 《丸山真男講義録》第7册《日本政治思想史1967》,第257页。

③ 丸山举例说明这种荒唐剧的确在历史上出现过:例如战争时期在军人当中信奉者颇多的所谓"天津教"(平田神道的一支)便宣称,基督出生在日本,释迦牟尼也是在日本土生土长的,甚至神代文字也是独立于汉字而产生的(上揭丸山真男:《原型・古層・執拗低音》,见《日本文化のかくれた形》,第137—138页)。

以及日本体制思想"互相作用"的结果而已。① 但是,"儒教日本化"显然在丸山那里是一个隐而不显的论题,他的着眼点仍然在于探寻日本文化传统的"原型"问题上。换种说法,在丸山,所谓"儒教日本化"只能放在他的"原型"论框架中才能成立。

要之,丸山坚信正是日本文化中"原型"的执拗残存、不断发力,所以能将一切外来文化进行"修正主义"的手术之后使其与"日本性"相结合。他承认"日本思想史的主旋律是外来思想",但它是否能变为"日本性的东西",将取决于日本文化对其所进行的"改造接受之方法",而这个"方法"所呈现的便是"日本性的东西",而且正是在"日本化的过程中,存在着共同的类型,有着惊人的相似性。这就是'古层'的问题。因此'古层'不是主旋律,使主旋律得以改变的契机才是'古层'"。② 这段话是丸山后来为自己的"原型"说所作的辩护性说明,从中可以看出丸山的主要思路是:外来思想是"主旋律"而非"原型",而"原型"是使外来思想的主旋律发生"变容"的前提,此"变容"就是"日本化"过程,因此"日本性"即存在于"日本化过程中"或

---

① 《丸山真男講義録》第 7 册《日本政治思想史 1967》,第 257 页。
② 语见川原彰编:《日本思想史における"古層"の問題——丸山真男先生をお招きして》(《日本思想史的"古层"问题——访谈丸山真男先生》),东京:庆应义塾大学内山秀夫研究会,1979 年,第 27 页。转引自上揭葛西弘隆:《丸山真男の"日本"》,载酒井直树等编:《ナショナリティの脱構築》,第 218 页。

"变容的类型中"。丸山的上述说明很重要,表明"执拗低音"本身不是"主旋律",但也不是音乐术语"执拗低音"的原意所指的那样,是对"主旋律"的烘托,而是指能使"主旋律"得以"修正"的某种"契机",可见丸山所说的"日本性"与战前"近代超克论"者主张的实体化的"日本精神"毕竟不同。

归结而言,原型论一方面需要通过史实的建立以发现传统的"根"在哪儿,另一方面若要对传统的"根源性"做一番赋予意义的工作,这就须要对日本历史文化(包括本土及外来文化)的多元性资源有一整体的了解,由此才可避免原型"本质化",并使其成为开放性的资源。因为原型"本质化"必导致一个错误观点,认为原型可以是一种在历史展开过程中持续不变的"实体"存在,这就与丸山所持的一贯反对"日本精神论"或"国民道德论"不免趋于"本质化"、"实体化"之倾向的立场毋宁是背道而驰的。然而丸山虽然在主观上意识到这一点,但是就其原型论的理路来推,恐怕问题依然存在。我们将在下面的"小结"当中来谈一谈丸山原型论有哪些值得反思的问题,而他的日本性问题的探索又有何思想史的意义。

4. 小结:对丸山"日本性"探索的一些思考

这里提四点,以便我们省察。

首先，依丸山，"原型"惟有通过"减去法"才能找到，这是否意味着通过历史主义"还原法"便可从各种历史现象中"还原"出它的本质？若此，则其所谓"原型论"便意味着通过对外来主流文化的过滤筛选就可得到某种本质性的东西，这就可能导致文化本质论。尽管从丸山的主观愿望看，他晚年以"执拗低音"取代"原型"，意在避免原型论有转向"本质论"之可能的质疑，然而就"执拗低音"之实质言，仍然是对"原型"论的坚持乃至论证，只不过转换成另一种说辞，在实质性的意义上，"古层"、"原型"与"执拗低音"三者之间并无二致；更重要的是，丸山似乎相信只要超越8世纪在律令制背景下成书的"记纪神话"而重返7世纪大化革新之前古代日本固有的"神话"源头，并"祛除"其中"大陆文化"的因素便可找到存在于古代日本乃至弥生时代农耕共同体文化中的持续不断的那个"原型"或"低音"，而且这种"原型"在此后的日本社会中得以"持续发力"、"不断隆起"，显然，这一思路本身便充分表明他坚信在外来文化的现象背后（"源头"）存在着更为本质的日本文化的"原型"。然而，不仅抛开成书最早也是唯一的两部史书《古事记》和《日本书纪》而欲上溯至大化革新之前的历史中去寻找所谓"原型"，在史学建构上是否可能就很值得怀疑，而且在这种问题意识的背后，显然存在某种源自近代史学理论的想法：亦即认为存在一种最为原初或核心的作为思想文化的历史源头，并将此看作具有普遍性的

"实体化"的确实存在。①

其次,关于"日本性"与"日本化"的关系问题。其实"日本化"一词本身就预设了一个前提,即在日本化之前必存在一种"日本性"的东西,以此为基础才能对外来文化做一番日本化的改铸熔造,而丸山提出"古层—原型"论就是想为日本文化做一番寻根探源的工作,找回这种"日本性",就此而言,本来无可厚非,问题在于怎么找。如果通过"减去法",从整体中寻找"个别性"便能得到"原型",然后再以此"个别性"为据来解释体系化的"整体性",这就必然导致"一种循环论观点"(丸山原话),②可见,建立在"减去法"之基础上的原型论作为一种史学方法在试图论证日本化之问题(实即本土与外来的文化关系

---

① 参见《丸山真男講義録》第4至第7册。按,对此丸山自身虽有自觉意识也曾再三声辩,但仍然遭到了特别是来自"日本史"领域的不少日本学者的严肃批评,例如网野善彦:《"日本"とは何か》(《何谓"日本"》),东京:讲谈社,2000年,第84页;小路田泰直:《"邪馬台国"と日本人》,东京:平凡社,2001年"平凡新书",第59、81页;石田雄:《丸山真男と市民社会》,载国民文化会议编:《丸山真男と市民社会》,东京:世纪书房,1997年;以上转引自水林彪:《原型(古層)論と古代政治思想論》载大隅和雄、平石直昭编:《思想史家丸山真男論》,东京:ぺりかん社,2002年,第61页。而在个别学者看来,丸山虽然称不上"民族主义者",但是"我们不得不说在他的议论中,却隐藏着民族性的东西"(参见酒井直树:《丸山真男と忠誠》,载《現代思想》第22卷第1号"特集:丸山真男",东京:青土社,1994年,第184页)。

② 丸山已经意识到这个问题,但他无奈地表示"这是没有办法的"。参见上揭丸山真男:《原型・古層・執拗低音》,见《日本文化のかくれた形》,第143页。

问题①)时,难以摆脱这样一种两难境地:一方面,不将那些整体性的东西过滤掉,就无法筛选出个别性的东西;另一方面,个别性本身不构成意义体系,欲对个别性做一番"意义赋予"的解释,必借助具有意义体系的整体性。打个比方,"减去法"犹如剥洋葱一般,一片一片地剥离之后最终虽能找到其核心,但是这个核心本身一旦脱离了外围葱片的包裹,就势必枯萎凋落,也就意味着洋葱的整体意义丧失,同样,通过"减去法"即便找到了日本文化的"根"(称之为"原型"也好"本质"也罢),但如果看不到文化大树上开花结果,那么这个所谓的"根"就根本无法展现其意义。

再其次,与上述一点有关,我想借用 19 世纪德国史学家德罗伊森(1808—1884)的一个说法,来帮助我们思考丸山原型论的局限性之所在。德罗伊森指出史学研究中有一种错误观点认为可以在历史事件中寻找到一个"确切的、绝对的源头、事情的本质"。他以同时代的德国"圣经

---

① "本土与外来",丸山表述为"外来对内发"的认识论构架,由此出发来思考日本文化,容易发生这样的误解:认为可以从日本思想史当中发现"内发"性的日本人思维方式或者"自己同一性"的东西,而与一切"外来"思想完全独立,例如江户中期"国学"思潮以及近代日本主义或者当今 70 年代学界流行的"土著"思想论便持这种看法。丸山指出这种探索在方向上已经犯错,导致日本思想史研究在方法上不得不面临"失败的命运",他提议看看当今欧洲人,他们谁都不会把基督教看作"外来"宗教(参见上揭丸山真男:《原型・古層・執拗低音》,见《日本文化のかくれた形》,第 133 页、第 136—137 页)。

学"学派的代表人物包尔(1792—1860)的神学研究为例,指出该学派主张寻找原始基督教义、真实的基督教本质及其核心,然而即便找到了所谓的基督教义之核心,哪怕是找到了"基督本人",但如果脱离了基督教义体系,那么基督教的真实性及其价值便无从体现,犹如人们寻找种子而不见大树,甚至想要砍掉大树以寻找种子,"这样都是没有帮助的",因此德罗伊森的结论是:"只有在它结的果实中,才能见到原初源头的再现。"①我以为德罗伊森的这个说法用来针砭丸山原型论的局限性是妥当的。因为问题已经很明显,如果说"减去法"相当于砍掉大树找种子,或者"原型论"相当于寻找种子而不见大树,那么,即便"原型"作为事实而存在于"古层"中,它恐怕也无法呈现出文化传统的意义。由此,寄希望于"原型"中找到"日本性"的努力恐怕也会落空。

最后,丸山对"日本性"问题的探索有何思想史意义呢?表面看,不论是"原型"、"古层"抑或"执拗低音",给人的印象仿佛是要回归"过去"、返至"原点"。然而,丸山史学思想的根本旨趣绝非是复古主义,证诸其所言可以充分说明这一点,例如他说:"从整体构造上来认识过去,这一认识过程本身便是变革的第一步","若能对日本过去的思

---

① 参见德罗伊森著、胡昌智译:《历史知识理论》,北京:北京大学出版社,2006年,第29—30页。

考方式作出整体上的阐明,那么其本身正是突破 basso ostinato 的契机"。① 这就充分表明丸山的立场是:认识过去正是为了克服过去而改变现在。反过来说,为了现在就更应全盘把握过去。可见其对日本性问题的思考显然具有一种未来指向,而非为了恢复或者回归"原型之传统"。所以他说:"克服原型(古层)之传统的第一步,就在于全盘解明原型(古层)之本身。"②我们可以称之为"丸山命题"——为现在而认识过去。我觉得,丸山史学的重要意义就在于此。之所以重要,因为历史重演往往就是源自缺乏对历史的认识。更重要的是,我们从"丸山命题"中可以读取出作为战后日本的现代民主主义者丸山真男的思想精神就在于无论是对"过去"还是对"现在",他都拥有一种自觉批判意识,这一点更是难能可贵。在学术上,我们固然可以对其"原型论"等进行讨论或商榷,但是对他在学术上所坚持的批判意识、理性精神则没有理由表示怀疑。相反,当我们开始认真思考在当下中国如何面对各种外来西学思潮作一番"中国化"的改造等实践问题时,是否也需要对"过去"的清醒认识以及对"现实"的批判精神? 答案应当是肯定的。

---

① 丸山真男:《日本思想史における"古層"の問題》,《丸山真男集》第11卷,东京:岩波书店,1997年,第222页。转引自水林彪:《原型(古層)論と古代政治思想論》,载大隅和雄、平石直昭编:《思想史家丸山真男論》,第13页。

② 同上注。

六 当代学界有关"儒教日本化"的考察

事实上,丸山"原型"论之两难境地,与"日本化"问题不无关联。因为若要追问"日本化"何以可能,那么答案必然涉及此"化"字之前的"日本"究为何物的问题,也就是说,势必要求我们回答"日本化"的前提何在?这样一来,也就必然引出日本文化的"根"究竟何在的问题——换言之,"日本的"东西究竟是什么?丸山晚年为何如此苦心探索"原型"论或"低音"论,究其根源,无非是试图解答日本文化的根源性问题,这一问题若不解决,"日本化"就无从谈起。

然而,什么是"日本的"("日本性"),与什么是"近代的"("近代性")一样,正是近代以来一直困扰日本知识人的两大难题。本文无意也无力对此问题再做刨根问底的追问。在这里,我们将简单考察一下"后丸山"时代的日本学者对儒教日本化问题的一些看法,以为我们"外人"今后思考此问题之一助。

1. 对"儒教日本化"的反思

上面提到,1996年平石直昭撰文意将"近代化"与"日本化"这两种审视江户儒学的方法统一起来,与此同时,绪形康也注意到"儒教日本化"问题,但他的立场毋宁属于批判性的,他撰文指出,"儒教日本化"这一言词自登场以来,我们缺乏对一个问题的追问:"'儒教日本化'论虽然对'儒教'的自明性有所质疑,但是关于'日本'的自明性却不知质疑。"这是要追问"日本化"一词中的"日本"究竟是什么的问题。然而遗憾的是,绪形只是提出了问题,却并没有进一步解答这个问题。至于儒教,在他看来,也要放弃近代以降出现的"国民国家"这一观念预设,将其还原到近世中国的时代,这样就会呈现出儒教的地域差异性,譬如江南地区的儒教与其他地区相比便有很大差异,绪形之意在于解构儒教在中国的"自我同一性"这一观念预设。他认为如果说"儒教日本化"只是涵指儒教在"特殊日本"的展开,具体而言,是在"日本文化风俗之形式中的各种展开",那么这里的儒教便成了"世界性的普遍主义"的代名词,而"日本"则成了与中国对置之下的特殊性存在,这种话语方式显然是"现代日本"演绎出来的"虚构观念而已",其背后存在着近代以来形成的"国民国家"这一理念。也就是说,儒教"日本化"完全是现代人的一个后设观念,是用近代以后的观念来想象儒教在日本的展开,特别是在现代日本,"'儒教日本化'之言说只能补强近代以来国民国家的意识形态",反映出其对"儒教日本化"之提法是有所保留的。①

比上述平石和绪形两氏的论文更早,田尻祐一郎在1993年便撰文讨论了日本化问题,②他从暗斋学派内部就如何应对朱子学与神道之关系等问题而发生的争论这一角度,来具体考察"儒学日本化"问题,进而指出儒学日本化亦可反过来说,即"日本的"儒学之形成,关于何谓"儒学日本化",他提出了一个稍显复杂的定义性描述:"在日本型社会的大体构造得以逐渐确立的时代,采用儒学式的价值感和用语法,与时代课题进行碰撞的知识人的多种多样的思想运作、分裂及其深度思考等包含在内的总过程,我们理解为是'日本的'儒学之形成过程,换言之,亦即儒学的日本化之过程。"③此说不难理解。由此观点看,不仅暗斋学派是地地道道的"日本的"儒学,而且山鹿素行、中江藤树、熊泽蕃三,甚至伊藤仁斋和荻生徂徕等,都可看作"日本的"儒学。要之,

---

① 绪形康:《他者像の変容——中国への眼差》(《他者形象的演变——投向中国的眼光》),载《江户の思想》第4号,东京:ぺりかん社,1996年,第12—25页。

② 田尻祐一郎:《儒学の日本化——暗斋学派の論争から》,赖祺一编:《日本の近世》13《儒学・国学・洋学》,东京:中央公论社,1993年,第35—80页。

③ 参见同上书,第35页。

日本儒学就是儒学日本化的结果,其重要标志在于是否"与日本型社会之间形成同时联动",由此联动而发生的"思想运动之整体"便表现为"儒学的日本化"。① 诚然,"儒学日本化"是为了应对日本型社会的时代问题而形成的思想运动之结果,这是可以理解的,但是"日本化"得以可能的自身思想资源何在,依然是一个问题。换言之,也就必然遭遇类似丸山的"原型"论问题。

田尻在该文结尾设定了"日本——固有的价值?"这一小节,试图回应日本价值论问题。但文中所述有点偏离主题,却出现了"东亚的普遍性价值观"之说法,倒是值得关注,他指出从暗斋学派内部的激烈争论可以看出,江户儒者在日本型社会确立之后,正努力摸索自身所处的存在方式,在此过程中,"东亚的普遍性价值观被投入,并被糅合而变形",②细按其意,所谓"东亚的普遍性价值观",应当是指儒学价值观。据此,则儒学日本化便意味着"日本"一方面向"普遍性"开放,同时又对外来的"普遍性"加以积极主动的"糅合而变形"的改造。总体看,该文的论旨很清楚,强调江户儒学就是"日本化"的儒学,只是关于何谓"日本的固有价值"的问题依然悬而未决。

---

① 田尻祐一郎:《儒学の日本化——暗斋学派の論争から》,赖祺一编:《日本の近世》13《儒学・国学・洋学》,东京:中央公论社,1993年,第35页。
② 同上书,第80页。

事实上,早在1980年代,以"日本化"为视角来观察江户儒学已呈流行之势。日本史专家辻达也便认为近世以后儒教"日本化"真正达成,在他看来,儒学"日本化"之实现的标志并不在于上层社会流行着多少儒家典籍,而在于儒学是否已"渗透民间",他运用娴熟的史料考证功夫,指出近世以降,儒学已经在日本各个阶层得以"普及与渗透",在这个意义上,可以说儒学已经"完成了'日本化'"。那么,"日本化"又意味着什么呢? 他认为日本化就意味着"'日本的'性格之形成",儒学日本化也就意味着"'日本的'儒学"之形成,他特别以17世纪后期的古学派、18世纪的折衷学派以及在町人阶层中流行的石门心学为典型,指出这些儒教活动可谓是"日本的"儒学之代表,并最终实现了"日本的"的文化形态,而他们的思想之意图则在于从中华文化的笼罩中独立出来,以提升自我主张的声音。①

与辻达也对日本化儒教的积极肯定之观点相比,黑住真1988年发表的《关于儒教日本化》②则偏向于消极否定。该文的视角偏向于思想史、社会史,其主要观点可以其论文集

---

① 参见辻达也:《江户时代を考える——德川三百年の遺産》,东京:中央公论社,1988年,第25—52页。
② 《儒教の日本化をめぐって》,原载《日本学》第12号,东京:名著刊行会,1988年,第136—147页,后收入氏著:《複数性の日本思想》,东京:ぺりかん社,2006年,第209—223页。按,以下所引该文,均出后者。另按,黑住此文曾受到沟口雄三(1932—2010)的重视,他提醒我们注意作者有关"日本化现象"的考察,参见氏著:《方法としての中国》,东京:东京大学出版会,1989年,孙歌主编、孙军悦译:《作为方法的中国》,北京:三联书店,2011年,第152页。

之书名《复数性的日本思想》中的"复数性"一词来概括,①他认为日本思想的基本特征就在于其"复数性"而非"单一性",因而在江户时代也就根本不存在儒教中心主义之可能,很显然,这个观点是对一元论普遍主义的否定。他还继承了丸山真男"无构造之传统"的说法,提出了"江户儒教无构造性"或日本文化的"分散性统合构造"等观点,但他同时又批评包括丸山在内的一个传统看法,指出"儒教在近世被构造性地体制化的看法是错误的"。② 他的立场与丸山弟子渡边浩相当一致,认为儒教在近世日本并没有上升为德川幕府的意识形态,也缺乏构造性的体制化,尽管他也承认日本文化的主要来源之一就是中国文化,而且日本文化对儒教采取的态度基本上是"亲和"的而非"排斥性"的,"但是这并不意味着儒教自身位居知识的中心而拥有坚强的构造,而是拥有另一种或许是更为缓和的内容构造",正是这种"日本的"特色,故称其为"日本化"亦不妨。③

---

① 关于黑住真研究之特色,请参看其学生韩东育对其另一部更早的专著《近世日本社会と儒教》的书评:《探寻德川儒教的真面目——读黑住真〈近世日本社会と儒教〉》,载《二十一世纪》2004 年 12 月号,总第 86 期,香港中文大学,第 142—149 页。
② 以上参见上揭黑住真:《複数性の日本思想》,第 213、215 页。按,丸山的"无构造之传统"之说法,最早见于 1957 年的论文《日本の思想》(后收入其著:《日本の思想》,东京:岩波书店,1961 年"岩波新书",特别是第 11—13 页)。
③ 参见上揭氏著:《複数性の日本思想》,第 211、213 页。按,黑住就这一问题的具体论证,这里从略,其主要思路是:从日本社会文化的角度看,不论近世以前还是以后,儒教知识只存在于相当(转下页注)

除了上述"日本化"问题的专论以外,黑住真另有一系列论文探讨了日本儒学的特质等问题,指出日本儒学具有"习合性"特征——即往往与神道等思想杂糅在一起,而其本身对"超越性层面"缺乏思考,在知识层面则呈现出"非原理性"特点。① 其实,这些观点在1960年代的日本思想史学界已渐渐出现,到了1980年代几乎已成主流。例如,关于"习合性"特征,按照石田一郎的说法,叫做"意识形态连合体",用以解构江户时代朱子学中心主义的观点,②至于缺乏超越性层面的思考,日本思想史专家田原嗣郎亦早有此说,他认为即便是江户儒学中成就颇高的古学派三杰素行、仁斋、徂徕的思考力亦未能对"世界原因"作深入探究,而平石直昭对此深表认同:"的确,透过整个日本思想史来看,人们对于形而上学的关心是很少见的。"③

(接上页注)有限的范围内,即主要是上层社会中极少数的人群中(例如宫廷、神社中的博士家、神道家及佛学家等文人圈内),而儒者在社会上几乎没有构成独立的阶层,故其社会存在地位十分有限,只是到了幕府晚期以"宽政异学之禁"(1790)为标志,儒教出现了"一般化"现象,幕府意识到有必要实施教化"统一",但这一政策也仅限于各地藩校,故对整个社会教育的影响有限(参见同上书,第209—218页)。

① 参见黑住真:《日本儒学の制度と性格》,见上揭氏著:《複数性の日本思想》,第245页。

② 参见石田一郎:《前期幕藩体制のイデオロギーと朱子学派の思想》(《前期幕藩体制的意识形态与朱子学派的思想》),《日本思想大系》第28册《藤原惺窩・林羅山解説》,东京:岩波书店,1980年。

③ 参见田原嗣郎:《德川思想史研究》,东京:未来社,1967年,转引自上揭平石直昭:《德川思想史像の綜合的構成》,第6页。按,致力于江户教育思想史研究的辻本雅史亦认为古学派三杰的思想活动可谓是"儒学日本化"之典型。参见其文:《哲学(思想)としての儒教:日本の近世儒学研究素描》,《真宗綜合研究所研究紀要》第14号,第45页。

由此可见，在日本思想史学界，不少学者通过"日本化"这一分析工具，对于江户儒学的社会地位及其作用影响的评估不仅与战前有天壤之别，而且基本推翻了战后以来一直以为德川儒教具有体制性地位的观点。这也从一个侧面反映出，近二三十年来日本学界对于儒学（包括日本儒学和中国儒学）的研究姿态日趋客观、理性和冷静，一方面与战前儒教主义、道德主义坚决划清界限，与此同时，对于儒教在江户时代发生的"日本化"现象也试图重建其认识版图。

2. 以"土著化"取代"日本化"

最后谈一谈"土著化"（nativization）①问题。泽井启一在2000年出版的专著《作为"符号"的儒学》一书中就竭力主张放弃使用"日本化"而代之以"土著化"，他的理由是："日本化"意味着"儒学在被日本人感受到亲近之前，先有一种日

---

① 按，"土著"一词，日语作"土着"（居住在原土地之意，与20世纪反抗殖民文化的"土着主义"运动有别），"土着化"意同"本土化"或"在地化"。泽井启一特意用英文nativization标注，本文一概使用"土著"。其实，以"土著"为视角来考察日本传统思想，这在日本学界早有案例可查，例如上山春平《日本の土著思想》（东京：弘文堂，1965年），后改题《日本の思想——土著と欧化の系譜》（东京：サイマル出版会，1971年）再版。其中所收论文大约撰于1959年至1968年期间，特别是有关50年代丸山真男的"新nationalism"论的分析和批判（第二部第5章"日本nationalism論の視點——丸山真男と吉本隆明"），值得一读。按，此处"nationalism"，意指民族主义。

本的固有性存在,而外来之物不得不与其同化(日本化)",①而为了避免发生这类重大误解,故有必要以"土著化"取而代之,所谓"土著化",就是"本土化",其实体所指便是"本土文化"。

的确,这其实是我们在讨论丸山"日本研究"时就已触及的"日本性"问题,即日本化何以可能的前提必先预设"日本性"的存在,然后作为外来文化的儒学才有可能与此"同化"。但在丸山看来,"土著"概念一旦沦为"土著主义",便有可能导致"特殊主义",形成"外来普遍主义与固有土著主义互为对立"的"恶性循环",这是丸山所竭力反对的,他在晚年十分明确地宣示:"我们与其克服 bourgeois(引者按,法语"资产阶级")的普遍主义,不如彻底切断'外来'普遍主义与'内发'土著主义的恶性循环,这才是日本知识人当务之急的课题"。② 这里的"固有土著主义"便是指贬义的"日本特殊主义"。丸山指出在日本文化中有一种追求普遍性的思想传统,然而在向外寻求普遍性之同时,对内却强调自身的特殊性,从而陷入"特殊主义"。这种内外两分、普遍特殊互为对立的两元性思维特征反而成为接受真正普遍主义的障碍,因此近代以来引进的所谓西方普遍主义成了一种"拟似

---

① 泽井启一:《"記號"としての儒学》"前言",东京:光芒社,2000 年,第 11 页。
② 以上引自丸山真男:《近代日本の知識人・追記》,载其著:《後衛の位置から——〈現代政治の思想と行動追補〉》,东京:未来社,1982 年,第 130 页。

普遍主义"。在丸山,真正意义上的普遍主义是不分内外的,"真理就是真理,正义就是正义,由此才可成立"。① 显然,儒教日本化过程中也存在类似的普遍与特殊之间的张力。不过,丸山也不一概反对"土著化",他也承认这一概念对日本儒教而言具有一定的分析功能,他曾指出儒教的天命思想(如"继天立极")被日本儒者用来建构日本"皇统",便是一种"土著化"的表现。② 这与丸山一贯重视"文化土壤"的问题或有密切关联。在他看来,日本修正主义文化与日本文化史上一直存在的所谓"历史相对主义"的文化"土壤"有关,例如13世纪日本出现的"诸道理"(Vernunften)之概念就明确显示出"理"是可以复数形式存在的,而根本不同于西方式的一元论"绝对理性"等观念,所以在日本,"抽象普遍主义者"往往被视作"腐儒",是没有市场的,据此,丸山断言:"'历史相对主义'的花朵比任何地方都容易绽露的土壤在于日本。"③要之,在丸山,"土著化"与"日本化"基本同义,

---

① 参见同上书,第127—129页。
② 参见丸山真男:《忠誠と反逆——転形期の日本精神史学的位相》,东京:筑摩书房,1998年"ちくま学芸文庫"本,第333页。
③ 同上书,第408、420页。不过,丸山也提醒我们注意,历史相对主义也往往会落入另一陷阱:"庸俗特殊主义"。比方说江户中后期的国学家们便是如此,他们相信通过历史还原法就可复原"记纪神话"的历史图像,表面看,似乎可以建构"一切都被历史主义化的世界认识",然而其结果"却有可能导致非历史的,惟以现在即刻为是的绝对化"同上书,第421、422页)。用我们的话来说,这种"非历史"的现状"绝对化"也就是现状"本质化";然而另一方面,由于一切都被历史主义化,因此当现实社会一旦失序,现状"绝对化"之观念便会失落,(转下页注)

是可以兼容并取的,只是丸山对"土著主义"抱有的那种自觉批判意识,则是值得当今学者在谈论"土著化"问题时认真听取的。

然而,泽井的问题意识与丸山不尽相同。从语言感性的角度看,他也承认"土著"一词未免带有"特殊性"的味道,对此他是有所警觉的,但是从文化比较学的角度看,他觉得又不得不"强调日本的特殊性",因为若将日本儒学与中国儒学进行比较后即可看出,日本儒学自近世以来,即呈现出与其他东亚地域的儒学形态非常不同的特色,及至近代,如果问与西欧近代发生对抗的或正在失去的传统究竟是什么的话,那么回答就是"日本性的东西"(引者按,即日语"日本的なもの")——涵指国学、神道等思想、宗教以及日本人的情绪或美意识等等,只是儒学"在近代日本的历史中,由于起到了使'侵略'正当化的作用,因而常被否定性地表述"。① 尽管如此,泽井仍然表示"日本的特殊性"是不容否认的,是不用出国到了欧美以后方可意识到的,但他强调"特殊性"并

(接上页注)于是就会陷入另一种迷茫:想要重新找回超越社会与历史的作为绝对普遍的价值存在,但往往已经为时过晚。丸山以为,在日本传统文化中,对这种超越普遍之存在的信念和追求其实是非常淡薄的。参见丸山真男:《対談〈歴史意識と文化パターン〉》,《丸山真男座谈》第 7 册,东京:岩波书店,1998 年,第 256 页。

① 以上参见上揭泽井启一《"記號"としての儒学》,第 8 页。按,泽井表示正是由于儒学在近代日本有过一段不光彩的历史,因此在与台湾、韩国等学者在讨论儒学现代性课题时,只能将日本儒学作为"反面教师"来进行介绍(同上)。

不直接意味主张"日本特殊论",对于战前流行的为与西方对抗而被强调的"日本特殊论",泽井当然抱有充分的警觉。故他一方面对"日本特殊性"有自觉的意识,与此同时,他又认为日本文化并非"均一"文化,而是具有"多文化"之特征的,儒学也只不过是其中之一。

泽井最近撰文进一步贯彻了自己的一贯主张而略显激进,他甚至断言倡导"儒学日本化"之本身,便已难免日本中心主义的观念在作祟。[①] 在他看来,"日本化"一词本身便意味着日本本土文化对外来文化的直接吞并——即"同化",其中无须某种创造性的转化,这显然是与史实不符的。而"土著化"与"日本化"的区别在于,前者并不意味外来文化转变为本土文化,只是在与本土文化的交流接触过程中,被本土文化吸收容纳,后者则意味着外来文化被化作"日本固有"的文化。具体而言,他认为在德川思想史上完成儒学"本土化"的成功案例乃是古学派,而且古学派推动的土著化进程并未终结,此后竟意外地成为国学运动的助力,进而加速了儒学土著化的历史进程,而国学思想通过"占有"徂徕学的方式而向日本中心主义发生转化。[②]

最后值得一提的是,泽井在最新出版的一部专著中,亦从"土著化"的视角出发,对暗斋朱子学做了这样的历史定

---

① 泽井启一:《土著化する儒教と日本》,载《现代思想》第 42 卷第 4 号,东京:青土社,2014 年 3 月,第 86 页。
② 同上注,第 94 页。

位:"闇斋在实现朱子学'土著化'之同时,也实现了'土著'性的神道思想的'朱子学化'。"①而这两种思想的"内部化",犹如一枚硬币的两面,构成了闇斋学"神儒妙契"之特质。若推测不误的话,在泽井的意识中,儒学的"土著化"与神道的"朱子学化"在江户思想史上呈现出一种彼此交错的复杂现象。② 我以为这无疑是值得重视的锐识,因为正是在此见解中,"土著"概念的重要性得以凸显了出来。

3. 小结:当"日本化"与"日本性"相遇

由此可见,泽井对"日本化"一词抱有一种特有的敏感,而他的这份固执其实是源自其对"日本性"之观念的警惕,这是值得同情之了解的。因为"土著化"也好"日本化"也罢,讲到最后,必然会与"日本性"问题遭遇,正如丸山晚年

---

① 泽井启一:《山崎闇斎—天人唯一の妙、神明不思議の道》,东京:ミネルヴァ书房,2014年3月,第364页。

② 不过,渡边浩早在1980年代就已指出,在江户时代,"儒学的日本化"与"日本思想的儒教化"其实是双向同时并行的,参见其著:《近世日本社会と宋学》"補論:伊藤仁斎・東涯——宋学批判と'古義堂'",东京:东京大学出版部,2010年增补版,第246—247页。此外,土田健次郎亦用"土著化"概念来考察德川儒学之特质,例如仁斋学的工作就致力于儒教的"土著化",而在土田的理解中,日本文化的"土著性"表现为"日常性"(其中包含日本的道德情感、社会人情等内涵),参见其著:《"日常"の回復——江戸儒学の"仁"の思想に学ぶ》,东京:早稻田大学出版部,2012年,第47—48页;另参其文:《東アジアにおける朱子学の機能——普遍性と地域性》,载土田健次郎编:《アジア地域文化学の構築》,东京:雄山阁,2006年,第231页。

所遭遇的"原型"问题那样,"土著化"得以可能的前提也同样需要追问下去。换言之,作为日本文化传统的"日本性"问题对于日本儒学研究而言不能回避,不能因为帝国时代"日本精神论"造成的心理阴影,于是就采取讳莫如深的态度。

诚然,反对将"日本化"视作与日本固有文化的"同化",这种批判意识的确可钦可佩,然而以本土文化对外来文化进行转化,这在文化交流史上乃是屡见不鲜的事实,却也不能视若无睹。因为文化接触和交流从来不像商品输出或进口那样,只是物流的单向运动,文化的输入必然伴随着与本土文化的冲撞、摩擦,其根本原因就在于在任何一个民族、社会,都不会是在文化上白板一块而可以任人涂抹的,外来文化与本土文化之间虽有强弱之分但无优劣之别,因而互相之间发生碰撞与吸收、对抗与转化(而非吞并)也就成为必然之事。

的确,"土著化"之概念虽可避免"日本化"容易给人带来的那种"与日本同化"的负面印象,但是,如果我们对于"日本化"一词加以合理妥善的了解,那么与"土著化"也可并行不悖,问题不在于名词的改变,而在于我们如何省思"日本化"过程中出现的值得反思的各种问题,以为吾人今日"揽镜自鉴"之资具。

至于"日本化"在当今日本是否依然处于进行式当中,答案基本上是否定的,因为儒学日本化在当今日本已经中断,这是毋庸置疑之事实。至于其原因是否由于日本已经彻底"西化"抑或已经退缩至"原型"则已非本文所能深究。相比之下,"中国化"则完全不同,尽管以前有佛教中国化的成功案例,但是当今中国社会还处在进行状态中的西学"中国化"或许将是一个长远的实践过程。

七　余论：从"日本化"想到"中国化"

众所周知，1950年代以后，日本已全面进入战后民主主义时期，人们在对战前的帝国主义、日本主义、道德主义进行批判反省之际，将"近代日本儒教"看作是"日本道德论"、"国民道德论"的帮凶，嗤之以鼻、不屑一顾，这是可以充分理解的。如果说，明治以降，随着"近代化"的全面展开，儒教已开始了"自杀"（上引渡边浩语）的进程，那么在现代日本，可以宣告儒教已经"死亡"。无论在社会政治领域、制度设计、生活方式还是人们的衣食住行中透露出来的价值观等各个方面，儒教传统几乎荡然无存。儒教之在日本已经走完了"日本化"的进程，变成了"历史化"的知识对象。因此，如果设问关于儒教的未来性、可能性以及儒教是否还有现实性等问题，必使当代日本学者个个瞠目结舌、茫然不解。

例如黑住真便坦言：近代以后，儒教的道德教育最终陷入幻灭,战后步入现代的日本,"儒教至少作为制度,并没有在社会中得以生存"。① 这是从制度层面宣告儒教在现代日本已经"死亡",但在思想意识层面,儒学是否仍然如"幽灵"一般死而不亡? 按黑住的判断,若在当今日本主张"儒教价值",那么这个人要么是迂腐不堪、迷古不化之人,要么是右翼民族主义者。因为当今日本不仅儒教价值论几乎消失,甚至仁义忠孝也几近"死语",故他悲观地预言:儒教之死也许会在日本"最先发生",而且即便是在儒教最早扎根的韩国,"随着时间的流逝,儒教被渐渐淡忘的可能性也不能说绝对没有"。② 的确,目前在日本,儒学只是学院研究之对象,而这些从事研究的学者早已不再拥有儒者身份的认同意识,换言之,学术与价值被分割得十分清楚。

但是,对于儒教命运相当悲观的黑住真又不能回避一个纠结的问题——而这一问题又可针对中国发问:如果承认"儒教"亦是日本文化传统之遗产的一部分,那么作为知识人站在当今理性批判的立场上,对于有上千年历史的日本儒教又应如何面对,能否在根本上将儒教从当今日本社会文化中完全剔除? 如果坚持认为儒教是外来的东西而与日本传统无关的立场,那么可以另当别论;然而倘若承认儒教是日本传统的要素之一,而又断定儒家与当今社会完全隔缘,那

---

① 参见黑住真:《日本思想史と儒教》,见上揭氏著:《複数性の日本思想》,第266页。
② 同上注。

么便等于认同传统与现实之间已经"断裂"。对于上述问题,黑住似乎亦有自觉,故他宣称:"儒教得以扎根而挺立的东亚之天地这一自然将仍然存在下去,不! 必须存在下去。……当我们在回顾自己所生存历史、语言及天地之际,儒教将重新在我们的身边获得新生。或许,我们不再将这种重生的东西称作儒教,即便如此,那又何妨?"①看来,黑住对于儒教在东亚的将来命运,内心依然有些难舍,他希望儒教在未来重生,只是他把希望寄托在"东亚天地之自然只要尚存"的条件之上,这个说法就有点玄妙,我们也就只能细细品味了。其实,若转换一下视角,黑住的上述提问也可适用于当下中国:亦即在推动西学"中国化"之前,我们对自身儒学文化传统究竟应当如何审视乃至贞定? 特别是针对知识与价值、传统与创新的问题在通过一番理性的甄别与审视之后,能否转上一层以实现两者的有机融合,却是我们所面临的切实问题。

儒学日本化还涉及到日本儒学的"合法性"问题。上面提到,那位"国民道德论"者西晋一郎曾一再强调"日本化",认为日本的儒教是不同于中国的已被"日本化"的日本儒教,由此观点来推论,"日本儒教史"就有两种解读的可能:"在日本的儒教史"或者"日本儒教的历史"。而西的立场毋

---

① 参见黑住真:《日本思想史と儒教》,见上揭氏著:《複数性の日本思想》,第267页。

宁是后者,即他只能得出"日本儒教的历史"之结论。这就使我们联想到丸山真男针对"日本精神史研究"所做的一个极敏锐的批判性分析,对我们也应当有所启发,他说:"'精神史'一词来自狄尔泰,但须注意的是,在日语当中,当人们使用'日本精神史'这一表述时,其意味有两义性:'在日本的精神史'与'"日本精神"的历史'(History of the 'Japanese Spirit'),后者——即指存在一种贯通古今的'日本精神'之一实体,其自身通过种种历史形态得以展开,这一思考方式在1930至40年的militarism(军国主义)年代达到全盛,从谱系上说,毋宁属于'国民道德论'之流。"①请注意:丸山在这里所分析的问题完全不同于晚近中国学界有关"中国哲学合法性"问题的讨论——亦即究竟应当说"哲学在中国"还是应当说"中国底哲学",当然也不是讨论"东亚儒学"是说"儒学在东亚"还是说"东亚底儒学"之问题,而是以冷静透彻的批判性眼光,来重新审视对其而言刻骨铭心的1940年代的日本学术界之各种"怪相"。然而,尽管问题的背景完全不同,但其所涉及的"日本精神史"的合法性问题,对于我们今天思考"东亚儒学"之问题,无疑可以提供重要的参照,至少可以促使我们省思"日本儒教"乃至"东亚儒学"何以成立的"合法性"问题。

---

① 参见上揭丸山真男:《英語版への著者の序文》,《日本政治思想史研究》,第385页。

事实上,当今学界(不论中国还是日本)对"日本儒教"、"东亚儒学"等词的用法仍很缺乏自觉的意识和敏感的神经。笔者个人的意见认为,这里的"日本"或"东亚"应当理解为"日本的"或"东亚的"这一修饰词,而非指"实体"(在此语境中的"日本的",非指作为思想实体——即上述丸山所言"贯通古今的'日本精神'之一实体"——的概念),并将"儒教"或"儒学"亦看作是一种文化史的历史概念,与"日本的"或"东亚的"形成一种修饰关系,而非实谓指称之关系。同样,即便是"中国儒学"一词,也可以理解为"中国底儒学"(尽管在当代中国,"底"字的这种用法已不常见),意即将"中国"亦视作修饰词,以便我们反思究竟何谓"中国"(还必然延伸出何谓"国家"的问题)之问题——至少应当促使我们思考"中国"文化究竟是否存在一种"同一性"的本质主义文化,抑或属于开放性的多元文化,在我看来,这个问题的迫切性,倒是超过"儒学"问题本身,因为这其实是属于所有一切"问题"之前的"主义"之问题、"立场"之问题,而此类问题在当下中国显得尤为迫切。

至于"儒学",既是一种哲学,也是一种思想,更是一种文化。在哲学上,我们需要讲"分殊",同时也要讲"理一",此"理一"之观念正表明了一种普遍价值的存在,但其普遍价值不能割裂于"分殊",而必在"分殊"层面上才能展现"理一"的价值和意义;在文化上,儒学构成自身的历史和传统而自然有别于其他民族国家的文化历史和传统,我们不能想象以某一国的文化传统来覆盖其他国家的文化传统,因此在这个意义上,文化作为一种历史的、传统的形态,其自身必然表现出多元性。正是这种文化多元性观念,在当今全球化思潮的冲击下,显得更为重要和宝贵。

也正由此,即便我们承认有儒学价值观及其普遍性,但是从文化史的角度看,任何一种理论形态的普遍性都必然存在于历史发展过程中,因而它同时又是历史的和具体的,所以不妨称为"具体普遍性"(借用黑格尔语),换言之,任何思想文化形态都是历史的、具体的,它被普遍性所包涵,而普遍性也必向具体性展开,但并不存在普遍与具体分离对立的所谓"抽象普遍性",犹如绝对抽象的"国家理性"已被人所抛弃一般。但是我的上述说法并不意味着我赞同文化特殊论的立场(例如"日本特殊论"或"中国特殊论"),事实上,我对"日本特殊论"的问题已经表达过批判的态度,间接地也是对"中国特殊论"的一种表态,只是在此已无暇深入讨论,也就无须多言了。① 若以一言以蔽之,则可说普遍主义的思想

---

① 参见上揭拙文:《"东亚儒学"刍议——普遍性与特殊性问题为核心》。其中谈到"多元中心论",其实有取于陈来的"多元普遍性"以及"中心对次中心"的论点。按,关于"具体普遍性"问题,笔者曾在考察徂徕学的政治化儒学之际有所讨论,请参拙文:《道的"去形上化"——德川日本徂徕学建构政治化儒学的一项尝试》,载《华东师范大学学报》2014年第2期,第33—40页。不过需坦陈的是,笔者撰写该文之前,尚未细读丸山《日本政治思想史》,最近偶尔发现其实丸山不仅明确指出徂徕学所建构的正是"儒学政治化",而且指出在徂徕就已有"圣人之道是绝对的具体的普遍性"之观点(参见上揭该著,第102、130页。按,着重号为笔者所加)。

诉求与特殊主义的文化认同之间并不存在二元对抗的关系，相反我以为，帝国日本时期盛极一时的所谓以特殊日本战胜普遍西方的侵略理论足以令世人警醒。当然，同时我也并不赞同"文化本质论"立场，以为儒家文化具有"自我同一"或"自我完结"之本质性，凭借于此便可抵御一切外来思潮的腐蚀；相反，我以为儒家文化具有接收和转化其他文化的能力，这是由于其基于"和而不同，同则不继"这一开放性和多元性之思想特质所决定的，也正由此，所以儒家从来不像绝对主义的一神论宗教那样具有宰制性，故当它传入日本或韩国等其他东亚地域之后，便能与本土文化在接触、冲撞之同时而发生新的转化，并推动儒学在东亚地域的开拓与发展。这就在历史上表明，儒学曾经在很长一段时期内，不仅是中国的而且还是东亚的；很显然，若儒学缺乏多元普遍主义（与此相对的是单边普遍主义）之特质，那么它就不可能展示其自身的发展性。因此，东亚儒学作为曾经发生的历史事件，恰能为我们重新思考传统儒学在未来发展的可能性提供重要的借鉴。

总之，"日本化"不仅仅是日本的问题（当然首先是日本的问题），甚至也是东亚的问题。特别是其中所涉及的"本土化"问题以及受此牵引而发生的诸多历史主义"还原法"或文化主义"寻根论"等理论方法问题，已足以令我们这些旁观者如入其境、反思自察。因为"本土化"或"在地化"问题，也正是我们在当今全球化背景中必然遭遇的切身之问题。更重要的是,今天我们讨论的"日本化"问题,何尝不可作为我们讨论"中国化"问题时的借鉴。例如普遍与特殊的问题,对于近代日本而言固然可以说是一种宿命,但是对于当下中国而言,这个问题却实在是一个十分迫切的时代课题!① 又如复古与革命在日本遭遇西潮时是一个对反命题,然而清末"康梁"维新派却以复古为革命,而在当下中国,"变复古为革命"这一意义上的政治性复古思想正在崛起,但此"革命"不再意味着"敢把皇帝拉下马"而是指观念上应

---

① 关于普遍主义与特殊主义的问题争论,在当代中国一时成为热点,这或许与21世纪初开始出现的"中国模式"论这一社会背景有关,特别是高盛公司高级顾问、清华大学教授雷默于2004年5月发表的研究报告《北京共识》以来,在有关"中国模式"或"中国经验"的问题讨论中就必然涉及普遍与特殊这一理论问题,可参见黄平、崔之元主编:《中国与全球化:华盛顿共识还是北京共识》(北京:社会科学文献出版社,2005年);俞可平等主编:《中国模式与"北京共识":超越"华盛顿共识"》(北京:社会科学文献出版社,2006年)。另须指出的是,在当今国外学界对中国模式或中国崛起的问题讨论亦是显题之一,例如美国学者扎卡利亚著,赵广成、林民旺译:《后美国世界:大国崛起的经济新秩序时代》(北京:中信出版社,2009年),该书虽非直接讨论中国,而是主要探讨"后美国"时代的问题,但其中涉及不少中国问题,据传此书自2008年在美国出版至中文版问世,已热销超过100万册。然须注意的是,在西方言论界此类疾呼"美国倒下"之类的"后美国"论调层出不穷,似乎很受大陆读者的欢迎,但我们却千万小心不要被这种论调忽悠了,就像"21世纪是中国的世纪"的论调一样,听来令人悦耳,其实是在"捧杀"。从哲学上,对于普遍与特殊之问题的反省,可参看同时发表在2007年第5期《学术月刊》上的两篇论文:赵敦华《为普遍主义辩护——兼评中国文化特殊主义思潮》以及童世骏《为何种普遍主义辩护?——评赵敦华教授的"为普遍主义辩护"》。笔者特别赏识也很赞同赵敦华的一个观点:他指出在当今社会出现的"中国化特殊主义"之论调的背后其实存在着"牵动很多人'民族情感'的神经",并呼吁我们对此应当保持充分的警惕。

当与时俱进,而此"复古"也绝不意味着攘夷排外而一味退缩到古代便好,而是当中国文化经西方现代性的一番震荡之后,又须要对西学做一番"中国化"的改铸,这对吾辈知识人而言又何尝不是当下迫切之课题!

鸣谢:我要特别感谢几位学生为资料收集提供的帮助,他们是留学日本的傅锡洪、陈晓杰、陈碧强,复旦博士生周磊、留学复旦的日本高级进修生梶田祥嗣。

附记:本文为国家社科基金重点项目"日韩朱子学的承传与创新研究"(13AZD024)的阶段性成果。

2014年5月30日初稿

2014年6月20日二稿

参考文献

一、著作

德富苏峰《吉田松陰》,东京:岩波书店 1981
西村茂树《泊翁叢書》,日本弘道会编 1912
浮田和民讲述、邬国义编校《史学通论合刊四种》,上海:华东师范大学出版社 2007
井上哲次郎《国民道德概論》,东京:三省堂 1912
井上哲次郎《日本阳明学派之哲学》,东京:冨山房 1900
井上哲次郎《我が国体と国民道德》,东京:广文堂书店 1925
井上哲次郎《日本精神の本質》,大仓广文堂 1934
井上哲次郎《日本の皇道と満洲の王道》,东亚民族文化协会 1935
井上哲次郎《東洋文化と支那の将来》,理想社出版部 1939
西晋一郎《東洋倫理》,东京:岩波书店 1934
西晋一郎《忠孝論》,东京:岩波书店 1931
西晋一郎《西晉一郎先生講義:日本儒教の精神》,东京:溪水社 1998
西晋一郎《礼の意義と構造》,国民精神文化研究所刊 1937
西晋一郎《教育勅語衍義》,东京:贤文馆 1940
西晋一郎《国民道德大意》,东京:文部省教学局编纂 1941
村冈典嗣《(增補)本居宣長》,东京:平凡社 2006
吉田熊次《西村茂樹》,东京:文教书院 1942
藤田亲昌编《世界史的立場と日本》,东京:中央公论社 1943

铃木成高《"近代の超克"覚書》,载《文学界》1942年10月号
铃木成高《ランケと世界史学》,东京:弘文堂1939
高坂正显《明治思想史》,京都:灯影舍1999
丸山真男《日本政治思想史研究》,东京:东京大学出版会1952初版,1983新装本
丸山真男《現代政治の思想と行動》,东京:未來社1957
丸山真男《戦中と戦後の間:1936—1957》,东京:みすず书房1976
丸山真男《忠誠と反逆》,东京:筑摩书房1992
丸山真男《日本の思想》,东京:岩波书店1961
丸山真男《後衛の位置から——〈現代政治の思想と行動追補〉》,东京:未來社1982
丸山真男《丸山真男集》,东京:岩波书店1997
丸山真男《丸山真男講義錄》,东京:东京大学出版会1998
丸山真男《丸山真男座談》,东京:岩波书店1998
みすず书房编《丸山真男の世界》,东京:みすず书房1997
家永三郎《日本近代思想史研究》,东京:东京大学出版会1953
尾藤正英《日本封建思想史研究》,东京:青木书店1961
源了圆《德川思想小史》,东京:中央公论社1973
竹内好编《近代の超克》,东京:冨山房1979
竹内好著、孙歌编《近代的超克》,北京:生活・读书・新知三联书店2005
渡边浩《近世日本社会と宋学》,东京:东京大学出版会1985
渡边浩《东アジアの王権と思想》,东京:东京大学出版会1997
渡边浩《日本政治思想史:17—19世紀》,东京:东京大学出版会2010
沟口雄三等编《漢字文化圏の歴史と未来》,东京:大修馆1992
沟口雄三《沟口雄三著作集:李卓吾・兩种阳明学》(孙军悦、李晓东译),北京:生活・读书・新知三联书店2014
松浦玲《横井小楠:儒学的正義とは何か》增补版,东京:朝日新闻社2000
柄谷行人《戦後の思考》,东京:文艺春秋1994
神野志隆光《古事記と日本書紀——"天皇神話"の歴史》,东京:讲谈社1999
大隅和雄、平石直昭编《思想史家丸山真男論》,东京:ぺりかん社2002
田原嗣郎《德川思想史研究》,东京:未来社1967
上山春平《日本の土著思想》,东京:弘文堂1965,后改题《日本の思想——土著と欧化の系譜》,东京:サイマル出版会1971

色川大吉《明治精神史》,东京:黄河书房1968初版,东京:岩波书店2008再版

小坂国継《西田哲学の研究——場所の論理の生成と構造》,东京:ミネルブァ书房1991

子安宣邦《事件としての徂徠学》,东京:青土社1991

子安宣邦《方法としての江戸》,东京:ぺりかん社2000

子安宣邦《日本ナショナリズムの解読》,东京:白泽社2007

子安宣邦《"近代の超克"とは何か》,东京:青土社2008

子安宣邦《和辻倫理学を読む——もう一つの"近代の超克"》,东京:青土社2010

桂島宣弘《思想史の十九世紀——"他者"としての德川日本》,东京:ぺりかん社1999

沢井啓一《"記号"としての儒学》,东京:光芒社2000

沢井啓一《山崎闇斎——天人唯一の妙、神明不思議の道》,东京:ミネルヴァ书房2014

中村春作《江戸儒教と近代の"知"》,东京:ぺりかん社2002

黑住真《近世日本社會と儒教》,东京:ぺりかん社2003

黑住真《複数性の日本儒教》,东京:ぺりかん社2006

小島毅《近代日本の陽明学》,东京:讲谈社2006

荻生茂博《近代・アジア・陽明学》,东京:ぺりかん社2008

植村和秀《"日本"への問いをめぐる闘争——京都学派と原理日本社》,东京:柏书房2007

真辺将之《西村茂樹研究——明治啟蒙思想と国民道德論》,京都:思文阁出版2009

长志珠絵《近代日本と"国語"ナショナリズム》,东京:吉川弘文館1998

姜克实《浮田和民の思想史的研究——倫理的帝国主義の形成》,东京:不二出版2003

绳田二郎《西晋一郎の生涯と思想》,东京:五曜书房2003

酒井直樹、矶前順一编《"近代の超克"と京都学派:近代性・帝国・普遍性》,东京:以文社2010

菅原潤《"近代の超克"再考》,京都:晃洋书房2011

土田健次郎《"日常"の回復——江戸儒学の"仁"の思想に学ぶ》,东京:早稲田大学出版部2012

土田健次郎《江戸の朱子学》,东京:筑摩书房2014

王汎森《执拗的低音——一些历史思考方式的反思》,上海:复旦大学出版社2014

网野善彦《"日本"とは何か》,东京:讲谈社,2000年

小路田泰直《"邪馬台国"と日本人》,东京:平凡社2001

辻达也《江戸時代を考える——德川三百年の遺産》,东京:中央公论社1988

利奥波特·冯·兰克《历史上的各个时代》(杨培英译),北京:北京大学出版社2010

德罗伊森《历史知识理论》(胡昌智译),北京:北京大学出版社2006

二、論文

元田永孚《教学大旨》,载松元三之介编《日本思想大系》第30册《明治思想集》Ⅰ,东京:筑摩书房1976

西村茂樹《日本道德学ノ種類》,载《东京学士会院雑誌》四,1883.3

浮田和民《儒教の復興を論ず》,载《中央公论》1908.11

武内义雄《日本の儒教》,载《理想》1942年5月号,收入氏著《易と中庸の研究》,东京:岩波书店1943

西谷启治《"近代の超克"私論》,竹内好编《近代の超克》

河上彻太郎《"近代の超克"結語》,竹内好编《近代の超克》

亀井胜一郎《現代精神に関する覚書》,竹内好编《近代の超克》

丸山真男《原型·古層·執拗低音——日本思想史方法論についての私の步み》,载《日本文化のかくれた形》,东京:岩波书店2004

丸山真男《歴史意識の"古層"》,载《日本の思想》第6卷《歴史思想集》别册,东京:筑摩书房1972

丸山真男《思想史の方法を摸索して——一つの回想》,《丸山真男集》第10卷,东京:岩波书店1997

三岛由纪夫《革命哲学としての陽明学》,载《諸君!》1970年9月号

渡边浩《西洋の"近代"と儒学》,载沟口雄三等编《漢字文化圏の歴史と未来》,东京:大修馆1992

石田一郎《前期幕藩體制のイデオロギーと朱子学派の思想》,载《日本思想大系》第28册,东京:岩波书店1980

沟口雄三《二つの陽明学》,载《理想》第512号,1981.1

隅谷三喜男《明治ナショナリズムの軌跡》,载隅谷三喜男编《德富蘇峰》卷首,东京:中央公论社1984

广松涉《"近代の超克"論——昭和思想史への一視角》,《広松涉著作集》第14卷,东京:岩波书店1997

子安宣邦《"誠"と近世的知の位相》,载《現代思想》第10卷第12

号,东京:青土社1982.9

平石直昭编《德川思想史像の綜合的構成——"日本化"と"近代化"の統一をめざして》,平成6—7年度科学研究费补助金(综合研究A)研究成果报告书(非公开出版物)1996.3

安丸良夫《丸山思想史学と思維樣式論》,载大隅和雄、平石直昭编《思想史家丸山真男論》,东京:ぺりかん社2002

水林彪《原型(古層)論と古代政治思想論》,载大隅和雄、平石直昭编《思想史家丸山真男論》

末木文美士《"原型=古層"から世界宗教へ——〈丸山真男講義錄第四冊〉を読む》,载大隅和雄、平石直昭编《思想史家丸山真男論》

酒井直树《丸山真男と忠誠》,载《現代思想》第22卷第1号"特集:丸山真男",东京:青土社1994

石田雄《丸山真男と市民社会》,载国民文化会议编《丸山真男と市民社会》,东京:世织书房1997

黑住真《日本思想史と儒教》,载氏著《複数性の日本思想》

黑住真《儒教の日本化をめぐって》,载《日本学》第12号,东京:名著刊行会1988年,收入氏著《複数性の日本思想》

绪形康《他者像の変容——中国への眼差》,载《江户の思想》第4号,东京:ぺりかん社1996

前田勉《解説——日本思想史学の生誕》,村冈典嗣著、前田勉编《新编日本思想史研究》,东京:平凡社2004

泽井启一《丸山真男と近世/日本/思想史研究》,载大隅和雄、平石直昭编《思想史家丸山真男論》

葛西弘隆《丸山真男の"日本"》,载酒井直树等编《ナショナリティの脱構築》,东京:柏书房1996

田尻祐一郎《儒学の日本化——闇斎学派の論争から》,载赖祺一编《日本の近世》13《儒学・国学・洋学》,东京:中央公论社1993

土田健次郎《東アジアにおける朱子学の機能——普遍性と地域性》,载土田健次郎编《アジア地域文化学の構築》,东京:雄山閣2006

铃木贞美《"近代の超克"思想と"大東亞共栄圈"構想をめぐって》,载酒井直树、矶前顺一编《"近代の超克"と京都学派:近代性・帝国・普遍性》,东京:以文社2010

陈玮芬《"伦理"、"道德"概念在近代日本的转化与再生》,载李明辉、邱黄海主编《理解、诠释与儒家传统:比较观点》,台北:中央研究院中国文哲研究所2010

吴震《"东亚儒学"刍议——普遍性与特殊性问题为核心》,载刘东主编《中国学术》总第31辑,北京:商务印书馆2012.9

吴震《试说"东亚儒学"何以必要》,載《台湾东亚文明研究学刊》第

8卷第1期(总第15期),2011.6;简体字版刊《华东师范大学学报》2011年第5期

吴震《德川日本心学运动中的中国因素——兼谈"儒学日本化"》,载《中华文史论丛》2013年第2期,上海:上海古籍出版社2013

吴震《道的"去形上化"——德川日本徂徕学建构政治化儒学的一项尝试》,载《华东师范大学学报》2014年第2期

James W. Heisig《西谷啓治と近代の超克(1940—1945年)》,载酒井直树、矶前顺一编《"近代の超克"と京都学派:近代性・帝国・普遍性》

图书在版编目(CIP)数据

当中国儒学遭遇"日本"/吴震著.
--上海:华东师范大学出版社,2015.10
ISBN 978-7-5675-3773-6

Ⅰ.①当… Ⅱ.①吴… Ⅲ.①儒家-研究-日本 Ⅳ.①B313

中国版本图书馆 CIP 数据核字(2015)第 137550 号

华东师范大学出版社六点分社
企划人 倪为国

本书著作权、版式和装帧设计受世界版权公约和中华人民共和国著作权法保护

六点评论
当中国儒学遭遇"日本"
——19 世纪末以来"儒学日本化"的问题史考察

著　者	吴　震
责任编辑	彭文曼
封面设计	卢晓红
出版发行	华东师范大学出版社
社　址	上海市中山北路 3663 号　邮编　200062
网　址	www.ecnupress.com.cn
电　话	021－60821666　行政传真　021－62572105
客服电话	021－62865537
门市(邮购)电话	021－62869887
地　址	上海市中山北路 3663 号华东师范大学校内先锋路口
网　店	http://hdsdcbs.tmall.com
印刷者	上海印刷(集团)有限公司
开　本	889×1194　1/32
印　张	4.75
字　数	75 千字
版　次	2015 年 10 月第 1 版
印　次	2015 年 10 月第 1 次
书　号	ISBN 978-7-5675-3773-6/B・956
定　价	35.00 元
出版人	王　焰

(如发现本版图书有印订质量问题,请寄回本社客服中心调换或电话 021－62865537 联系)